# 給總是太努力的你

## 與真實的自己相遇，找回平靜喜悅的人生

帕納切・德賽 著　王莉莉 譯

YOU A
ENOUG

REVEALING TH
TO DISCOVER YOUR
POT
AND POSS
NT

PANAC
DE

致我完美的投射、我的妻子楊恩・德賽。
感謝妳的愛、耐心，以及對我永不動搖的信念。
因著妳對靈性的慷慨、充滿愛的奉獻，以及致力於全人類的提升，
這件作品才有可能完成。

你在這裡回應召喚，
活出你最崇高的表達，
並因此點亮你的人生和世界。

——帕納切・德賽

# 各方推薦

•總關注自己的匱乏，便會對一應俱足的實相視而不見。我需要某人賜予我快樂、需要醫生賦予我健康、需要一個金爸爸送我一支金湯匙好含著出生……這一切一切需要，皆為虛妄不實的幻覺。你真正需要的，作者誠實不欺地告訴你：是你自己！今天，請讓這本好書陪著你，開啟一趟嶄新的富足旅程。

——洛桑加參／身心靈預防醫學專家

•「我不知道我的自我價值是什麼……」這幾乎是每一位來談者的共同困惑。從小到大，我們都被灌輸要向外求，好成績、賺大錢、名車、豪宅、崇高地位、討人喜歡……但這些都不是我們真正的「本質」，我們並不會因為擁有什麼或沒有什麼，而增減此時此刻的價值；若你也渴望感受靈魂與本質，這本書將帶你體驗那難以言說的覺醒之旅，開始和宇宙頻率一致地活著！

——蘇予昕／蘇予昕心理諮商所所長、暢銷作家

‧「真正的價值和接納只能源自你的靈魂。」這是作者在本書中的一段話。就是這句話，讓我心裡一震！決定以更認真的方式拜讀完這本書。

它沒有老生常談的道理，而是讓你能從生活經驗中去發覺「本質自我」。原來，你的靈魂要去的方向，和你正在走的人生背道而馳；原來，我們可以毫不費力地顯現原本具足的神聖。只是我們不知道⋯⋯

這本書可以說是通往自己靈性的最好橋梁，讓你有機會從制約的維度向上提升，活出獨一無二的自己。原來，你值得豐盛，值得愛。

——田定豐／音樂人，安眠書店主持人

・在說明之前，邀請讀者，挑選本書幾個章節閱讀……因為這些章節背後，正明白闡述，為何自我會飄移遊走，而更重要的是，本書提醒著，不論距離多遠，本質依舊存在。

如你也能開通「本質自我」的連結能力，下個階段，邀請你用新的眼光建構世界，世界重建的同時，腦內的同步化將能達到幸福頻率所倡導的意識擴張的階層。

——安一心／華人網路心靈電台共同創辦人

・這本書的內容與文字，散發著一股平靜和諧的頻率振動，是一道通往真實自我的路徑，更是與「本質自我」連結的一份邀請。跟著作者的文字，循序漸進地往內在走進去，與整體生命本源連結，對我來說，是一種臨在的好品質。我很喜歡這本書，真心推薦給每一個你，一同回歸真實的「本質自我」。

——陳盈君／左西人文空間創辦人、國家諮商心理師、身心靈分享者．本書原書名「你自身即已足夠」（You Are Enough）即是相當有智慧的金句。當你向外尋找解答的同時，不要忘記自己的力量。任何的課程、能量商品都比不上人心轉念，而這些課程與能量產品的效果皆是建立在內在的穩定。正如文內所述，表相從來都不是真實的……你所尋求的體驗不能來自他人的接納。它只能透過認知到你內在的神性而來。

——Claudia／Claudia Studio—女巫的塔羅、芳療師

．本書引導你如何回到你的核心本質的完整。作者向你展示如何突破阻礙你前進的限制與分離的幻覺，揭示你一生都限制在追逐一個關於成就、快樂和成功的虛假承諾。你如何接受將創傷、拒絕和遺棄視為進化的一部分？讓「本質自我」得以顯現在有意識的體驗中振動蛻變，重新發現真實的自己，邁向個體進化的活化進程。

——Amy黃逸美／《意識結構》共同作者、意識結構研究會負責人

・透過本書，你會了解到，我們生下來就是完整的，父母、老師、社會、宗教等所告訴你的，都只是一層又一層的謊言，它們創造出了你生命中所有的壓力、恐懼、覺得自己不值得、不夠好。而這些為了迎合別人而生的感受與負面情緒，都可以透過本書中的相關練習來得到釋放與解脫。

我們從來就不曾跟本源或神性分離過，你一直想要成為的你自己，也一直都存在那裡。你所需要做的，就只是單純地走進你的心裡，當你了解到本質自我就是實現，就是三摩地時，你會發現，當小我死亡時，你的世界就從此得到重生。

——王永憲／加拿大自然醫學博士

・光看這本書的原文書名，就讓人想要一探究竟。畢竟在這無論是物質或資訊爆炸的世代，我們總是想要更多、也被要求得更多；就連在靈性的追求道路中都可能再次陷入「從自己是誰這件事」獲得一種成就感，因此發現這個修練卻又演變成一個甚至更不真實的表相。

這是一本深具啟發性且充滿肯定的指南，幫助讀者放下恐懼和焦慮，發掘一直存在於我們自身的強大完整性。我非常喜歡這本書中作者溫暖又具有穿透力的文字，對深入瑜伽修行的我來說也非常有助益。

——Stacy／念．覺．旅身心空間創辦人

・這是一本試圖弭平東西方文化斷裂的書，作者本身的生命故事也是一則傳奇，他的血源和根源來自老印度，卻在英倫被養育成人，他極擅長以現代化和生活化的語言，和貼近現實的範例，來闡述古代經典的心靈奧義，並提出簡單易行的原則，進一步讓人們覺知到自身的圓滿，不難想像作者為何會成為媒體寵兒。

——許怡蘭Gina／芳療天后

・我們大部分想要尋求身心靈提升跟合一的人，其實犯了一個迷思，就是不管我們參加了多少成長團體或大量的心靈研討會，其實居然是企圖發現自己的不

完美跟內在的殘缺，你不可能又想要發現自己的不完美，然後還能接受這個努力在不完美中的人。

這本書告訴我們：「你不需要被修復。你本來就如你所是的一樣完美。」只要你找到內在的和諧，不用再掙扎去發現自己的缺點，而且專注在自己的無限可能性，信任自己，你就可以展現真正在神創造你的那個完美。

——傅子綺／星座塔露女巫

‧本書將幫助你了解並克服幾乎所有人都有的核心創傷——相信「我不夠好」。你自己與你所愛的人都應該讀這本書。

——傑克．坎菲爾／《心靈雞湯》系列暢銷作者

‧德賽有一股不可思議的能力，可以揭露一直在那裡清楚可見的事物，但用讓它能被完整並易於看見的方式來進行。在此，他並未療癒他人的盲點，只是拒

絕承認它原本就存在。本書讓這一點極度清晰，提供所有讀者一條通往真實自我的道路。這不只是一本書。這是一份祝福。

——尼爾·唐納·沃許／《與神對話》作者

• 這是本讓你在日常生活中得到喜悅與滿足的實用指南，我喜歡閱讀本書，也獲得許多珍貴的洞見。

——狄帕克·喬布拉／世界知名身心醫學和個人轉化先驅

• 在本書中，德賽完美描述了「對超然的內在敞開」的經驗。這是我們的天賦權力。我們的靈魂與心智天生就知道要去尋找它。它能療癒我們的心，讓我們落實在浩瀚的內在安全感中，並釋放引導我們去做真正應該做的工作的直覺智慧。最棒的是，它會以正面的方式感染他人。德賽是這種意識與即將來臨的世界的真正使者。

——詹姆士・菲爾德／《聖境預言書》作者

・我們面對的許多問題，都是因為我們認為自己不夠好、不值得、不適任或有某種天生的缺點。本書會帶你從「不夠」的深淵，到「你已足夠」的神聖之地，以及更多。現在就讀這本書，活出你原本該過的人生。

——邁可・伯納德・貝克威斯（Michael Bernard Beckwith）／「大愛國際靈性中心」（Agape International Spiritual Center）創辦人

・靈性演說家德賽向讀者承諾，他們就是「神聖之光」的火花。這一點在這本激勵人心的書中鼓舞了所有人與所有事物。

——《出版人週刊》（Publishers Weekly）

# CONTENTS

【前言】

# 一份邀請

不管你的人生到此刻是如何展現，我希望你記得這件事：**每天早上，你睜開眼睛，就是中了「活著」這份百萬大樂透彩**。以一天當中的每一秒來計算，你被賦予了八萬六千次機會，可以做出與過去不一樣的選擇。你也被給予了兩萬八千八百次呼吸，可以根據愛去行動、思考和移動。但你始終只有一個選擇：你若不是依照你的心意而活，朝著你的無限潛能而去，就是持續活在恐懼和限制中。

從我來到這世界上，醫生拍了我第一下開始，我就有個特定的目標要實現，**就如同我們所有的人**。但是只要我抗拒我的原廠設定，只要我試著將自己轉向某件我認為會被其他人崇拜或喜愛的事物，我就無法實現它。直到我碰觸到內在絕望的深處，我才接觸到時時刻刻存在且圍繞在我們周圍的事實真相。在那樣的臣服中，我發現到使命、善意與連結，就是我的命運。

很多的傳統用這個詞來說明這種經驗：三摩地。三摩地是你的「本質自我」與神合一的神聖記憶。那代表知道你是誰，完全地且真實地。它是一份啟發、認知和結合。是我們存在的最深層面都渴望的境界。對這種結合的渴望，是那無止盡的內在飢渴，讓我們持續**對外**尋求那些矛盾地只能往**內在**才能找到的事物。我已經在數以千計，帶著驚嚇、生氣、難過、成癮，以及被遺棄感來找我的人身上看到這份渴求。對那些熱衷在自身以外尋求解答的人，我給他們的訊息是，那段追尋要由你開始、由你結束。

我在此是為了讓你能夠找到你的「本質自我」，並得到你的平靜。最重要的是，我在此是為了點燃你心中已經存在的記憶，並幫助你意識到一連串的事件和經歷，是如何讓你忘記自己的力量、潛力、光和愛。

在我們物種進化的此刻，我知道每個人都有可能進入三摩地。人類正在憶起的過程中；集體覺醒正在世上誕生。而且政治上、社會上、環境上正在發生的一切混亂，都是為了讓每個人能記起並實現他們真實的「本質自我」。繼普世的喧擾之後，偽裝和小我結構正在消失，揭示了愛、善良和人際連結的真實實相。開悟不再是專屬比丘、大師和古魯的。事實上，你越是嘗試複製別人的靈性修行或旅程，就越會發現你離真正的自己的力量、美麗和真實性越遠。

三摩地對你的運作系統來說是違反直覺的，因為它不是能努力、緊抓或達成的事。它不是根據你讀過的書、上過的課程，或你選擇追求的靈性之路的影響而賦予你的。你不需要放棄物質世界、生活在靜修院，或一天冥想三遍。你可以擁有一個美好的家庭、享用一杯葡萄酒、觀看你最喜歡的電視節目、在舒適的家中放鬆身心，並欣賞這個世界的所有其他禮物。

要達到三摩地，你真正需要的就是你自己。

你在這個星球上的體驗，就像湛藍天空中的數十億顆星星中的一顆一樣獨特，但我相信你和我正走在同一個旅程中——「本質自我」正出現在有意識的體驗中，從分離和痛苦出來，轉移至連結和幸福中。無論是富有或貧窮、已婚或單身、就業或失業、年輕或年老、男性或女性、基督徒、穆斯林、印度教徒、猶太人或佛教徒，你都是一個開始了解「本質自我」就是愛的靈魂。

你人生的每個面向都在為這個更偉大的進化做出貢獻。那些讓你滿臉通紅的嘲笑，不斷發牢騷的員工或控制型老闆，試煉你的意志是否能維持下去的心碎時刻。你的孩子、兄弟姊妹、父母和祖父母。即使是簡單、平凡的事情——比如最喜歡的毛衣或你早餐吃的香蕉片。你存在的所有截然不同的元素：無數的顏色、質地、場景、痛苦、狂喜和例行公事。每個面向都有一個宇宙目的，那就是在你有限的身體中，你要了解你那無垠的「神聖本質」。

正如我所定義和了解的，「神性」或上帝是無限的愛之海洋，祂是所有經驗的源頭，祂不需要從我們身上得到任何東西——甚至不需要我們對祂的信仰。任何定義實際上都是一種侷限。然而，為了給你一個通往無限的路標或切入點，

「神性」這個詞是最廣泛、也最沒有包袱的說法。當你翻閱本書且看到如「上帝」或「神性」之類的用詞時，要知道我正在使用它們來不斷地把你引向你無限的本質。從你第一口珍貴的呼吸、到最後一口呼吸的那一刻所經歷的一切，都支持著你走向那個目的地。

我寫這本書的目的是，喚醒你對你內在「神聖意識」的體驗。我會幫助你加速你的個人進化，好讓你體現你的無限本質。

當你跨過這道門檻時，你將開始從可能是最擴展的狀態中體驗人生——彷彿你在日出時，站在廣闊的海灘上，平靜且安詳。隨著黑藍色的天空開始褪色，你確信你不再是黑暗。飽和的紫色、粉紅色、橙色和黃色突破了地平線。令人驚嘆的光與顏色的調色盤在天空緩緩上升，在無邊無際的大海上向你伸出雙臂。它包覆著你、提醒你。你就是這道光，而且你和太陽一樣強大。它的光輝和純潔是你與生俱來的神聖權利。

在那些無可避免的日子裡，當烏雲遮蔽了你的光明本質時，你會知道你的

「本質自我」並沒有消失；它只是暫時隱藏在視線之外。當猛烈的雷雨降落到你的人生中時，在這個堅實的基礎上，你將不再被撼動。沒有任何颶風、地震或海嘯會愚弄你，讓你忘記你的「真實本質」。

一旦你知道自己是光，你會發現內心的平靜主宰著每一種情況。並不是說你永遠不會感到恐懼、焦慮或憤怒，而是你將不再迷失在你的痛苦中。它不會再淹沒你的光。你會清楚地認出它是什麼——天空中一朵暫時飄過的雲。當你了解你人性中這個隱藏的維度，就能賦予自己力量來加速你的進化。在這種加速中，你會發現你現在在哪裡，並檢視你是如何到達那裡的；你將學習到一種與這個世界連結的新方式，以及這種新方式得以顯化的過程。

> 當你了解你人性中這個隱藏的維度，就能賦予自己力量來加速你的進化。

一股神聖的宇宙能量瀰漫在這本書中。這股能量可以作為催化劑，激起古老的故事和信念、強烈的情緒，以及身體、心理和情感上的創傷。其目的是為一生儲存和阻塞的能量帶來和諧。有些時候你會被強烈的、尚未解決的情緒所壓倒，你的眼淚也會不受控地流淌。或者你甚至會認定這本書沒有任何內容與你的人生有關——這是所有反應當中最明確的危險信號。請堅持下去。

這本書和它所傳遞的能量無法挖掘出任何你內在不存在的東西。培養那份意願和開闊的心，讓你在身體上、情感上、靈性上，以及心理上經歷的一切出現，並進入你的意識裡。這是真正的靈性覺醒和終極自我實現的道路。你對所閱讀的內容反應越強烈，那越有可能是你在朝重新定義前進時、需要坐下來好好關注的內容。每一個字都在扮演協助你顯現你的最高「神性本質」的角色。

二〇〇三年，我接收到一次覺醒，一個發自內心又深刻的啟示。在那個時間點之前，我的生活中就遭遇過強度不同但稍縱即逝的靈性際遇。我生來就有能力透過接近他人來體會他人的情緒和能量。當其他四歲男孩忙著看他們最喜歡的卡通、建造堡壘、與海盜和銀行搶匪等假想敵作戰時，我每天都花好幾個小時沉浸在祈禱和敬拜的神聖氛圍中。在此年幼的時期，我在祖母的冥想室裡找到了極大的寧靜，這是她家的核心。在柔和的燭光、溫和的香氣和她吟唱的悠揚迴聲中，我沉浸在超越這個世界的「臨在」的神聖能量中。它在我內心編織而成的是深刻的平靜、連結和無條件之愛的最美體驗，正是這種體驗，在我內心深處建立了我來到這裡成為信使的記憶。

我的外在世界不可能有更多不同。我在一九七〇年代後期的東倫敦長大，那是個不平靜的廣闊城區。是一個民族、文化、強烈信仰和理想的喧囂大熔爐，人們長時間努力工作，為家人提供最基本的生活。在不斷演化的適者生存遊戲中，瀰漫著一種堅韌，掩蓋了恐懼、剝奪和匱乏的心態。這兩個世界之間的不和諧，在我生命的前二十年裡，在我的命運和我對融入的需要之間，產生了一場日益激烈的拉鋸戰。

我透過只是靠近他人就能體驗其情緒和能量的獨特天賦，對那些承受壓力和憂慮的人來說，發揮了一個自然的歸鄉燈塔的功能。透過某種宇宙移情，那些讓他們的生活處於不利位置的內在障礙，會在我面前消失。家人、朋友和完全陌生的人會進入高度情緒化的狀態，當他們向我吐露心聲時，他們會哭泣或變得非常憤怒。對於一個七歲的孩子來說，這些情緒爆發總是有點令人困惑，而且非常令人不安。他們的財務困難、健康上的恐慌、人際關係的挑戰，和難以承受的感覺，都超出我的年齡所能理解的範圍，但那些滿溢的原始情感，讓我一直扎根在自己的位置上。

我總是覺得有責任，想知道我是做了什麼才引起這所有的情緒。我告訴我的父母，有些人坐下來和我說話時會感到非常、非常沉重。但過了一段時間，這些訪客終究會站起來，而我會感覺到他們身上「閃閃發光」。接著，反過來，他們的人生會發生戲劇性的變化，使他們的日常經歷看起來幾乎像是奇蹟。我的能量會打破限制他們的障礙或制約、粉碎他們花幾十年建立起來的牆、改變他們的能量與他們的生活。

雖然我的家人稱這種感知他人內心世界的能力為「禮物」，但對我來說是一種越來越令人討厭的事，那讓我感到奇怪。所以我做了這個星球上幾乎每個人都會做的事情——我開始做出讓我感覺與其他人更一樣的選擇。

像大多數青少年一樣，我努力融入學校、從可能支持我的群體中尋找歸屬感。早年的浸淫於靈性在我內心打開了一種深刻的敏感度，使人際關係變得具有挑戰性。於是我漂浮不定。我不是個運動迷、聰明的學生、叛逆分子或吸毒者，我是一個局外人，一個容易被霸凌的對象。在好的日子裡，我只是被欺侮。在糟糕的日子裡，我會被毆打。我學會如何適應，利用我的同理能量天賦，去閱讀和匹敵任何來挑釁我的人的強度。就這樣，我成了一個可敬的對手。但每一次選擇成為我不是的那種人，都讓我付出了更大的代價。我的內心變得不真實。

當我在青少年後期努力證明自己的身分時，我選擇忽視為我的存在和我的內在導航系統打造出最堅實基礎的一件事，那就是我祖母的靈性。我在一個欣欣向榮但毒品和幫派分子出沒的地下音樂圈中找到了一個新家。作為一個受歡迎的主持人（ＭＣ），我建立了一個令人羨慕、來自各種社經背景的熟人圈子——從倫敦的男女繼承人到當地名人，再到那些只想熬過另一天的普通人。它給了我一種虛假的尊重和歸屬感，但並沒有緩解內心深處那份侵蝕我的孤獨感。

到了上大學的時候，我做出了另一個選擇，雖然外在看來讓我的家人感到驕傲，但內在卻讓我更加遠離真實的自我。與其追求我畢生的熱情：哲學，我決定更重要的是讓祖父以我為傲，而去學了法律和商業。在內心深處，我知道這不適合我，但哲學學位不會提供財務保障，或從我祖父那雙受到印度制約的眼中得到尊重。

所以，在大學的三年裡，越來越多的悲傷開始湧上我的心頭。我把別人對我人生的渴望置於我自己的人生渴望之前，而我正在付出代價。我愛我的祖父，而且對他非常欽佩。他帶著三英鎊從印度移民到倫敦。透過傳統的努力工作和奉獻，他打造了令人驚嘆的人生，讓他的妻子和五個孩子也能跟他一起生活。

他憑藉自己的能力取得了成功，而我覺得有必要證實他的努力是對的，並做一些事來將它們帶到新的一代。社會告訴我，有一些經過驗證的真實方法可以做到這一點，所以我開始努力遵循它們。我是長孫。我想讓他驕傲。我相信我已經準備好將德賽家的遺產傳承給下一代。但在符合外在的成功理想時，我忘記了自己的目標、我存在的理由。

我們每個人的人生中，都會遇到一些有更偉大的、無可爭議的東西介入，以幫助我們重新與最真實的人生和最真實的自己校準的時刻。這種**察覺到的**危機或創傷要不就是從核心撼動我們的世界，要不就是撕裂一切，以便讓我們再次朝著我們最好的人生方向出發，也就是我們每個人來到這裡最真實的表達。

我已體驗過一個年輕人想從這個世界上得到的一切，但我仍感到空虛而悲慘。過著每況愈下的失控生活，我的孤獨和不斷增加的痛苦令人窒息。然後，在一個我永遠不會忘記的星期六早晨，我直面地意識到人生是多麼寶貴，以及一切都可以在瞬間永遠改變。

我一直在擔任ＭＣ，並準備再次狂歡到深夜。當我靠近吧檯點酒時，三個醉漢突然撲向我。他們大聲吼著種族汙蔑的話語，把我摔到地上、開始踢我、毆打我。幸運的是，俱樂部的保鏢認識我並看到正發生的事情。他們中斷了打鬥，把我拖了起來。帶著嚴重發抖、割傷，以及瘀傷的身體和自尊，我仍然不願意回家。我根本無法面對我的父母，所以我又去了另一個深夜俱樂部。一進去，我就面臨另一場打鬥。這一次涉及槍支。很快地，警察就包圍了這個地方。就像人質綁架案的情景一般，酒吧裡的每個人都各自被押送出了俱樂部。

為了喚醒我，生活中事件的強度不斷升級。在我成年早期，我做出的一次次選擇，都是因為需要融入、想要有所歸屬。每一步卻都讓我更遠離我的快樂、我的內在連結。起初這些低語是微弱的，這最後的體驗則是再直接不過的提醒了。我不需要來自宇宙的更多訊息。從那一刻起，我的人生發生了永久的改變。我回家了，無論是就字面還是比喻而言。是時候重新發現我童年的靈性了。幾天之內，我便收拾好行囊，去了一個靜修所，並重新與自我真相連結。

我將永遠記得，我離開之前與母親的那次令人心痛的談話。就好像我穿過了一面鏡子，變回一個做了嚴格禁止的事情被抓到的孩子。我緊握她的雙手。當我低聲說我必須離開時，我需要感覺到她的存在、需要感覺到她的能量。當我急忙解釋說，更強大的生命勢能抓住了我的肩膀、震撼了我最內在的核心時，我說的話變得令人興奮且速度加快。一直以來，我所做的人生選擇與我內心深處的自我如此脫節，令我活在一個巨大的謊言中。這是我經歷過最艱難的一次談話，但她以愛、理解和寬敞的心回應了我。她堅信事情會以某種更大的自然秩序展現，讓我放下了對自己的嚴厲批評。

在我漫長而失眠的跨大西洋飛行中，我唯一的伴侶，是重新發現我來到這裡要成為誰的真相的真切渴望。當我第一次試探性地進入靜修所的神聖空間時，咒語的聲音、濃郁的焚香，以及提供無私服務的愛心奉獻者的溫暖歡迎，深深地觸動了我內在的記憶。我剃了光頭、過著樸素的生活、提供無私的服務，以及每天都進行長時間的冥想。我從未回頭。我回到家了。

六個月後，我回到倫敦收拾行李，永遠離開。我知道我的未來在美國的某個地方。

我決定進行一趟穿越美國之旅，去看看西岸是否感覺與我更和諧一致。我對自己很有耐心、不帶偏見，且對我遇到的人及一路上去過的地方保持開放的態度。隨著時間的推移，我開始發現自己的命運，並體驗到一種深刻的自我覺察、熱情和使命。

當我向西而行時，這份不尋常的、與我的指紋和棕色眼睛一樣都是我的一部分的「禮物」增強了。回想起來，我可以看出我正處於一個漫長的準備階段。隨著我個人能量頻率的擴展，我開始體驗到與我的「本質自我」不和諧一致的一切事物。

抵達洛杉磯後幾天，我便找到了一間公寓，也很快就開始結識那些也在尋求內在誠信的人。然而，儘管我有了一個實際的住址，但我還沒完全抵達。我抱持開放和好奇的心，而且就像顆棋子般，從一位靈性導師身邊被移動到另一位靈性導師身邊。他們都對我傳達了相同的訊息：我來這裡是為了要促成一場覺醒；我來到這裡是要支持世界的意識。然而，我深感沮喪，因為我看不出像我這樣有缺陷的人，怎麼會被選擇來承擔這種責任。我自己都無法承認。

我的挫敗感越來越大。然後有一天，在二〇〇三年的一開始，我做了一件不可思議的事。我「呼喚」了神。我憤怒地喊出難以置信的要求：「如果祢在這裡，我需要看見祢！如果祢存在，我需要感受到祢！如果我是來做信使的、如果我來這裡真的是為了代表祢去做某事，那麼我必須體驗到祢是誰或祢是什麼。」

我永遠不會忘記接下來發生的事情。在除夕夜接近午夜的鐘聲響起之前，我正坐在自己的小公寓裡，突然覺得房間裡充滿了我看不見的存在。我知道我不再孤單。最初的恐懼融化成一種深刻的平靜和連結，這種感覺我以前只短暫經歷過。它使我進入一種深度放鬆的狀態，這樣我就可以對即將發生的事敞開心扉。我閉上了眼睛，但突然間，我沐浴在燦爛的光芒和強烈的能量中。我的身體開始劇烈顫抖。起初，我感到害怕、無法呼吸，但一部分的我知道，必須嘗試且放鬆地進入這種極端能量的電流中，以免被它壓垮。

有那麼一刻，我真的以為自己心臟病發作了。我再一次害怕地大喊大叫，這種強度太大了。一波又一波的情緒在我身上流動。我被迫投降，我唯一能做的就是，每一刻都讓自己沉浸在身體不斷湧現的不適、痛苦和創傷中。

時間沒有意義。我停留在一種不斷擴展的狀態中。整個晚上一直到凌晨，這股力量穿過我，同時包圍了我。它包羅萬象，是一座能量無限的海洋——以最超然的形式出現的愛。在其最寬廣的本質中的生命潛能。言語無法描述我所見、所感和所經歷的事。這是一次與神性結合的際遇。

當我隔天早上醒來時，幾乎我曾認為理所當然的一切，都充滿了令人驚嘆的光芒。我的牙刷、牛仔褲、車鑰匙、門把。就連被吹到小巷裡的垃圾，以及用它來蓋住身體的流浪者，不僅散發著光芒，而且充滿了愛的脈動。我的心與神聖之心融合，這讓我能夠在振動和頻率的層面上去感知一切。我現在可以不帶評判或恐懼地去看和感受。一切都軟化了。這種光明使我的日子充滿了無盡的驚奇。

我的覺醒體驗將我的外在焦點完全轉移到內在焦點，我不再仰望世界來傳遞喜悅、愛或歸屬感。我的快樂不再是建立在別人的認可之上。我處在一種自我產生的幸福與平靜的狀態中。時間沒有意義。

我內在所經歷的轉變也吸引了我所在社群的人們。當朋友們開始聽到我的經歷，便很興奮地告訴其他人。幾週之內，人們來敲我的門，擠滿了我的公寓。他們只是想和我坐在一起。他們渴望感受在那裡的感受。然而我很清楚：我來這裡不是為了成為任何人的大師。

持續了三個多月的時間，最終這種體驗的強度**似乎**有所緩解——實際上，它才剛成為我的自然狀態。我小時候所擁有的天賦被放大了，我明白我只是這股能量的載體，而非源頭。

多年後，這一天再次到來，我知道是時候放下我在西岸建立的生活並繼續前進了。一天早上我醒來，只知道我的工作已經完成。這一章已經完成。我再次被一股比我自己意志更強大的力量所感動，而我唯一要做的就是信任。這是本能的，就像在我童年倫敦的家鄉，隨著白天越來越短、氣溫越來越低而遷徙的鵝一樣，我收拾我的行囊且直覺地向東走。

是的，我很難過。再一次，我拋棄了我所了解和喜愛的一切。但是我幾乎沒有察覺到，關係逝去的心碎以及擴展我的意識和教導的需要，是宇宙的方式，它把我放在直接通往遇見那位美麗、睿智，且強大的女人的路上，她將成為我的事業夥伴、妻子和我們四個孩子的母親。

我知道這一點：在每一個察覺到的困難中都有一個出口，神性的偉大會透過它滲透到我們的存在中。生活中的任何經驗，無論多麼痛苦，都不會被浪費。

在最初那次天啟，讓我知道我來到這裡是要成為覺醒和神聖之愛的使者之後的幾年裡，我慢慢地把它當作一個常態融入生活中。它現在完全是我的一部分。這個世界上沒有任何樂趣能與我內心的感覺相提並論——白色的沙灘、百萬美元的支票，或在全球舞台上的崇高地位都一樣。內在有了完整性，就沒有什麼需要增加或移除的。

我所尋求的意義、我所得知可能出現的平靜和滿足，已經在我的存在中顯露出來。我的掙扎、恐懼、抗拒和不值得感都結束了，取而代之的是永久的平靜、幸福、喜悅和滿足。

在我的一生中，每一次的選擇、經歷、挑戰和慶祝，都交織在我講述的故事裡，以及我與來自世界各地的人們分享的熱情和可能性中，目的就是讓他們發現「本質自我」，並活出他們無限制的人生。

揭開你的「本質自我」是一個與你的靈魂達到和諧一致的過程，這需要你接受並擁抱你所是的一切——每一份特質、每一個細微的差異、每一次經歷、每一個察覺到的錯誤、你認為不好、醜陋、分裂的和破壞的一切。我知道這聽起來可能超出了你認為可以接受的範圍。它感覺可能像壓著皮下受到感染而抽動的部位，輕輕一碰就又熱又痛。

或者是，你與自己的內在衝突太脫節了，以致你甚至不知道從哪裡開始。我聽過各種解釋為何這段旅程似乎太過艱鉅而無法開始的藉口。「但是，帕納切，你不知道我做了什麼。」「你無法想像我傷害了誰。」「你不知道我犯了什麼罪。」「如果你明白我犯的錯的嚴重性，你就會遠離我。」

儘管這些陳述對你來說似乎是令人信服或甚至是真實的，但它們永遠無法證明最終的真理是錯誤的。那真理就是：你正以如你所是的樣子被上帝所愛。就是現在。就在這個時刻。

這段旅程的承諾是：你願意在此時此地，以愛和接納來與自己相遇。

偉大的發明家尼古拉・特斯拉（Nikola Tesla）曾經說過：「當你想知道宇宙的祕密，要從能量、頻率、振動的方面來思考。」他明白我們是生活在振動宇宙中的振動存在。這意味著，你逃避、否認或壓制的任何事物，都只是一種能量形式。有些能量比較稠密或頻率較低。有些則是較輕、較廣闊。但這一切都只是能量。不多、也不少。

也許你實現成就的最大障礙，是你習慣於標籤化、評斷和分類這些能量的所有方式。你在生命中花了很長一段時間來逃避「惡魔」，你相信如果你停下來並大膽面對它們，它們會活生生地吞噬你。但正是你的拒絕與它們打交道，在把你生吞活剝。

我的目的是鼓勵你有勇氣全心全意地接近那些能量，帶著徹底的自愛和接納，這樣你就可以放鬆地面對它們，且同時將你的頻率提高到它們自然從你的現實中脫離的點上。透過這個過程，你將從恐懼的平台移動到愛的平台。它對許多人都有效，對你也會有效。

當你勇於將注意力轉向內在時，就能與你的最高頻率保持一致，同時放棄你所不是的一切。你經歷一種加速的自我實現，透過它你放棄了自我的防禦，因為你不再需要它們來生存。當你的心敞開，你的人生會散發新的活力，而且你會感覺好像你終於回家了。

三摩地是一種基本的能量重新校準，能提高你所在的頻率。它是外在與你存在的核心的結合，並與所有生命合而為一。最終，這是知道你就是「神聖之光」的火花，它使每個人和一切都充滿活力。

然而現在，你不是向內看，反而不斷地試圖融入並在外在環境中找到你的平靜。你踏上一條靈性之路，然後等待一些超脫塵世的體驗將開悟送到你家門口，就像它是你在網路上訂購的產品一樣。你期待你的父母、老師、社會、宗教、靈修或那個可愛的小仙女教母來給你一個徽章，上面寫著「歡迎來到涅槃俱樂部」。但是沒有任何真實的確認是來自外在。**你正在呼吸的這個事實，就是你的確認。**

絕對沒有任何你能做、得到或完成的事情，能讓你比此時此刻更有價值。你在更偉大的神聖展示圖中所處的位置就已足夠。你自身即已足夠。

做一次深呼吸，讓它沉入你心中。你自身即已足夠，正如你所是的樣子。「神性」不斷地、全然地，以及完全地愛你，且接納你本來的樣子。當你能完全接受這一點時，你就得以進入你最自然的狀態，那就是平靜。

---

絕對沒有任何你能做、得到或完成的事情，能讓你比此時此刻更有價值。

---

你被告知的一切都是被疊加上去的，一層又一層、一個環境又一個環境、年復一年，疊加在你平靜的真相之上。在你的一生中，你有過各種糟糕的經歷和情感創傷，而且每一個都烙印在你的能量場中。你所要扮演的進化角色是剝去那些外層並消融那些印記，不是透過分析它們、拒絕它們或與它們抗爭，而是透過始終如一地努力為自己培養覺知、接納和同理心。

你的「神聖本質」一直與你同在，而且它迫不及待地想要你開始這趟重新發現的旅程。透過這幾頁文字的能量，將提醒你回顧你的人生故事，不是透過你所取得的成就、你達到的里程碑，或你認為的錯誤，而是透過你那親愛的閃耀靈魂的濾鏡來看。

知道你真實的樣貌。要知道喜悅在所有情況下都是可能的。知道人生可以是特別的、你也是特別的。要知道你自己的三摩地。

# 1 承諾

這個世界——你的父母、你的老師、你的家族、你的宗教——與你達成了一個協議。它承諾，如果你的人生一直在追求某個里程碑、如果你奪得勝利或獎賞、如果你達成目標，你就會快樂、健康、富有且有智慧。你會找到成就感。你會得到愛、尊重和榮譽。你將會「成功」，將會被接受。價值感將會加諸於你身。

你甚至沒有意識到你已經達成了這個協議。你仍然堅定地遵守規則，就像一個聽話的學童，仔細把鞋帶繫成蝴蝶結、手邊隨時有二號鉛筆。你努力成為一個生活上看起來值得稱讚的人。這是一種盡職盡責的表現、待辦事項的方格都打勾了、做事一絲不苟。你是一個盡心盡力的丈夫、一個慈愛的母親、一個可信賴的朋友、一個可靠的員工。你一直在努力履行約定的承諾，但一路上你已經忘記了你曾經是誰。

你沒有覺察到你已經與你的真實性失去連結；你掩藏了自己真正的渴望；你一直在迎合他人的期待；你只是學會了在一個由恐懼、限制、稀缺和自尊主宰的世界中「應對」。這是你父母所做的，也是你看到同儕正在做的。你有工作、房子、汽車、人際關係、家庭、銀行帳戶和學位。或者至少你要去抓住這一切，即使你沒有成功得到它。

但現在你感到失望、困惑。你取得和獲得的成就越多，就越覺得自己像一個等待被填滿的空容器。你會想：「為什麼我會有這種感覺？我已經完成了這項工作。我遵守規則並努力工作。現在獎賞在哪裡？」

---

你取得和獲得的成就越多，就越覺得自己像一個等待被填滿的空容器。

---

你越來越感到失望。剛開始幾乎察覺不出的隱隱作痛，現在變成了你無法再

忽視的劇烈疼痛。在人生這部大製作的影片幕後，你開始意識到，真正滿足的人很少。他們正和你一樣在尋找某件事物。難道這一切都是一場騙局嗎？

無論你是將與「本質自我」的分離體驗視為一種巨大的情緒波動、無聲的絕望，還是一種人生就是欠你什麼的普遍感受，結果都一樣。一個一直在繞圈圈的心智就像是隻在籠子裡跑來跑去的猴子。尋找卻永遠找不到。把每一次失望都分析成你不值得的一個指標。什麼都擔心、又什麼都不擔心——當晚上躺在床上、在把孩子送到學校後、在下班回家的火車上。與此同時，你無止盡地從有形的事物——食物、性、毒品、成功和物質性的東西——上獲取滿足感，任意地推開不符合你「幸福」場景的一切。

你至少會變得有點神經質，不顧一切地想確保你的生活反映出一個令人羨慕和完美無瑕的形象。這意味著保持嚴格的時間表，因而避免了焦慮和恐慌的感覺，給你一種掌控的錯覺。也許這意味著，一直看起來很忙，但從來沒有真正感覺到你在做重要的事情。你可能會要求周圍環境完美無缺，以此來彌補你內心的空虛：白色沙發上擺放著絲綢抱枕，再放在與之匹配的東方地毯上、冰箱裡正確的有機食品、被挑選出來給人留下深刻印象的藝術作品、一整個鞋櫃裡你幾乎沒穿過的名牌鞋。光是看著一排排的鞋子，如此精緻漂亮，就給你一種「我夠好」的感覺。

然而，你已經在心理治療師的沙發上花費了無數個小時，處理你用來轉移注意力的各種成癮和依附。你討論用不同形式呈現的同樣議題，一遍又一遍地重複它們。或者你已經向牧師、拉比或大師尋求建議，希望有人可以為你移除障礙。儘管如此，在一個下雨的星期天下午，你汗流浹背地蜷縮在沙發上，周圍沒有人，也沒有什麼需要你立即關注的事物，你感覺到在你的胸膛裡，某個更大事物的微弱迴聲。「我的平靜在哪裡？我的成就在哪裡？我的喜悅在哪裡？他們向我承諾了一切，但現在我感覺到失去連結、分離，且非常孤獨。」

也許你的腦海中曾閃過自殺的念頭。也許你經歷過慢性病、失敗的婚姻，或財務上的挑戰。或者你在滿足人生的社會規定上還沒有走得太遠。你完成了學業、得到了令你父母親開心的學位、得到了一份可以支付帳單的工作，並找到了一個摟著時看起來不錯的伴侶。然而，你人生的彩色圓餅圖少了很大一塊。你一直那麼細心、那麼小心、那麼勤奮。在你順從地執行幸福的過程中，還有可能忽略什麼？

很明顯，這個承諾是個謊言。即便如此，你還沒有完全準備好拒絕它——在某種程度上，你必須相信它。而其他人也相信它。怎麼可能大部分的人會受到如此大規模的欺騙？你很困惑，但你內心深處也知道，還有更大的、就在你面前的某件事物，但你就是掌握不到。你在你的不完整中掙扎，渴望真理。你有一種模糊的印象，即平靜、或甚至某件更偉大的事物，是可能存在的。

而你是對的。真正的平靜、喜悅和成就的承諾是真實的，但揭開它的途徑是出乎意料的，對大多數人來說，也是自相矛盾的。一旦你回歸真實，它就會從內在升起。當你重新定義身為人的意義時，它會自然而然地出現，而最重要的是，當你治癒我所謂的你的核心創傷，即你那覺察到的不值得感時。

真正的平靜、喜悅和成就的承諾是真實的，但揭開它的途徑是出乎意料的，而且，對大多數人來說，也是自相矛盾的。

你看，你與自己的關係是基於你在此生中所扮演的角色，以及其他人對該角色的反應。但這個角色並不是真正的你。它只是一個表相——你真正、真實光彩外的模糊、虛構版本。與乾淨、明亮的太陽光線相比，它就像一盞昏暗的日光燈。它並不「差」，但它是你人生中限制和失去連結的根源。你創造這個表相是為了尋找滿足感和歸屬感，但在它之下，卻隱藏著一股對連結、愛和合一的強大且充滿恩典的渴望。

在大多數情況下，你的表相是透過語言的媒介、隨著時間的推移而形成的——別人對你說的話以及你習慣相信的事物。這種語言，由父母、老師、宗教和社會反覆傳遞，形成了一個龐大而複雜的無形結構——這些詞語為你在這一生中扮演的角色編織了劇本：「你不夠聰明。」「你永遠一事無成。」「你只是不善於交際。」「你不能吃那些；它們會讓你變胖。」

或者更普遍地：「只有強者才能生存。」「人生是一場掙扎。」「對我們這種人來說，那樣的事情就是不會發生。」「錢不會長在樹上。」「表現得好，你就會上天堂。表現不好，你會下地獄。」

甚至看起來更溫和的短句：「妳是個如此甜美的女孩，安靜又有禮貌。妳將會成為一個很棒的＿＿＿＿（填空）。」「你是個這麼棒的男孩，遵守所有規則。你將會成為很棒的＿＿＿＿（填空）。」

隨著時間流逝，透過此類話語的持續傳遞，你已經被精心地制約了。它們在某部分上塑造並形成了你今天的身分、你如何思考，以及你在這個世界上呈現的樣貌。每一個陳述、每一個細微的語調、每一個為你設置的參數，都是你的小我結構中一塊不同的磚，被恐懼的灰泥黏在一起。

你不斷地維持你的表相，試圖讓別人更喜歡它。但不可避免地，你內心會產生一種不值得感，因為你正在過的是與你的真正本質分離並忽視它的人生。你試圖榮耀你的父母、老師和社會，你也想要信任且相信他們告訴你的事物。但內心深處的某種東西在拒絕它。有一種悲傷、一種焦慮、一種擔憂、一種恐懼。聆聽並檢視那份不安、那細微的不滿。這是蛻變的覺醒。

但是在西方，蛻變已經變成是關於強化或改善表相，而不是從中解放出來。它不僅是為了增強自尊，而且還過度關注心智和身體。它很少關注靈魂——真正力量所在之處。結果是，當你嘗試鍛練某種「靈修」法門時，你並沒有在你的存在狀態和事務上經歷到強大的轉變。你冥想。你唸咒語。你做瑜伽。你參加靈性課程。你在一個靜修所待了三個月。你投入時間、金錢和精力來創造轉化，並從你自己是誰上獲得一種成就感，結果卻只發現這項工作已累積成一個更精緻的表相。

如果你在任何時候都在靈修，那是出於兩個原因之一。你要不是打算消融那個被創造出來的自我——虛假的、捏造的、基於恐懼的自我，那個你一生都在創造、出自誤導的信念，以為你還不足夠而產生的自我——並更接近靈魂和真相，要不就是你正試圖以某種方式增強你的小我——看起來很酷、被接受和認可，或在道德上感到優越。

當你的意圖是展現你的靈魂時，你就會有意識地瓦解你的表相，創造讓真正的平靜和滿足出現的可能性。為了達到這個目標，你需要放棄因表現出「靈性」或以某種特定方式為人所知、贏得你族群的認可或社會的讚譽而獲得的自我滿足。你需要深入挖掘自己的內在，直到你發現你唯一真正的渴望，就是與「神性」合一。這種渴望就像一顆發光的金色種子，深埋在你的內心深處，而一旦被找到，它就會在你的人生中綻放出美麗、力量和持久的滿足感。

活在表相之後是無法長久持續的，因為當你只專注於讓你的自我形象更美麗或更成功、或讓它更不起眼時，任何有價值的事物都不會出現，所以它對於其他人來說是小而沒有威脅的。無論你在其中任一方面做得多麼出色，你無法控制的就是另一個人對那個表相的反應。有兩百人喜歡和讚美那個被創造出來的自我，但接著，不喜歡的那兩個人，將會加劇那悲傷和遭到拒絕的感覺，被創造出來覆蓋過前者。

最重要的是，表相從來都不是真實的。你創造這個角色是出於你對合一和愛的原始渴望，但你所尋求的體驗不能來自他人的接納。它只能透過認知到你內在的「神性」而來。真正的價值和接納只能源自你的靈魂。

**真正的價值和接納只能源自你的靈魂。**

個人對價值、接納和愛的尋求，就是人類對於歸屬感的尋求。這是一種巨大的、對愛的原始吶喊，響徹所有大陸、所有海洋。你感覺到的空虛是催化劑、警鐘、觸發器，它讓歸屬的需要成為對連結、真實性和合一的渴望。當你開始更加意識到幻覺即是那被創造出的自我，並認知到真相存在於「本質自我」中時，這個過程就開始了。

# 2 可能性

一九五七年，泰國的一座修道院正在搬遷。一群僧侶被指派搬動一尊巨大的泥佛。這項任務需要嚴密的照顧和注意。當他們準備移動它時，其中一人注意到黏土上有條裂縫。擔心會進一步損壞它，他們決定等一天再繼續。後來，一名僧人拿著手電筒過來仔細檢查。讓他驚訝的是，他注意到裂縫中閃爍著一道金光。他拿起錘子和鑿子，小心翼翼地開始敲擊，不確定會發現什麼。經過數小時的努力後，隨著舊黏土崩塌，佛陀真正的美麗和原始完整性顯露出來。豎立在僧侶面前的是一尊純金雕像。

歷史學家相信，幾個世紀前，佛陀被覆蓋上黏土層，以保護它免受即將到來的緬甸軍隊攻擊。直到數百年後，這件巨大的寶藏才能以其原本的輝煌重新被發現。它真正的光輝一直都在，最終在保護層的裂痕中顯露出來。整個顯現的過程都因恩典而加速。

恩典推動顯現。恩典是神聖的能量，它創造了擴展和認知你的「本質自我」的可能性。在任何情況下都有恩典。它以無數的形式出現。無論你是在電影院前排隊、對待你哭泣中的嬰兒、哀悼所愛之人的去世，或是在結婚或離婚照例會有的高峰和低谷中，揭露「本質自我」的力量始終存在。

恩典特別喜歡共時性。寺院裡的僧侶們在黏土的裂縫中體驗到了恩典。的確，對於「神聖意識」而言，所有生命正在展現，為了要影響你的內在總體能量，在基於恐懼的外殼上必須有個裂縫，這樣在你核心的「神聖本質」才能浮現。把「神聖意識」想像成海洋，把你的「神聖本質」想像成一滴水。內在的事物就是外在的事物，外在的事物就是內在的事物。這條裂縫是覺醒的開始。它是讓水滴再次與海洋融合的必要催化劑。它是讓恩典滲透到你生活中的開端——溫柔地、潛移默化地、深刻地。然而，人們常常忽視意外的重要性。

通常，靈性覺醒的前兆是某種危機，某種穿透了自我的厚重層層幻相的事物。有人離開你。你得了重病。你和你最親密的朋友鬧翻了。你面對著上癮問題。你賠了錢。然後，從察覺到的限制，從你在外在體驗的黑暗中，內在之眼從沉睡中醒來。它醒來以加速那超然的美麗和喜悅的出現，那是你在混亂和所認知的限制中看不到的。有一種介入、一種釋放、一絲真相、一種觀念的轉變。你開始以新的眼光和開放的心態看待人生。

> 通常，靈性覺醒的前兆是某種危機，某種穿透了自我的厚重層層幻相的事物。

有時你會體驗到你的小我結構出現裂痕，讓你的「神聖本質」之光出現了，但你卻認為它不重要。你不想去研究那個裂縫，因為這樣做很不舒服。你將注意力轉向其他事物——你的動態消息、你生活中或其他人發生的戲劇性事件、電視或線上購物。你發現了一些讓你分心的事物、任何讓你分心的事物。

但有時你會好奇地問：「那是什麼？」一部分的你想要去窺探那個裂縫——那就是你內在的神祕主義者。那就是你有足夠的勇氣去探索看似不可知的事物：「本質自我」。靈性正在打開通往恩典的大門。

你存在的深度是如此廣闊。它的強大深不可測，而且你正不斷地揭示它。「本質自我」是意識、「觀察者」、「見證者」。它是你宇宙的、靈魂的一面，向四面八方延伸到無限，超越時間和空間。

你的佛性、你的光，被你一生所經歷的制約和傷害掩蓋在你的覺知之下。結果就是與你的「本質自我」分離。我正在帶你踏上一趟覺醒之旅，這將使你意識到你是如何進入那種分離、如何從完整變成受傷的。然後我將讓你看見回歸到憶起、實現和照亮你本質的可能性。

你存在的深度是如此廣闊。它的強大深不可測，而你正不斷地揭示它。

了解你的「本質自我」與你的外表或智商無關。這與你迷人的個性、護照上有多少異國情調的戳章、獲得的學位或你賺得的錢無關。這與你完成的慈善工作或冥想或祈禱幾小時無關，甚至與你帶到這個世界上的孩子無關。「本質自我」無法被損壞、贏得或失去。它是永恆的稜鏡，神透過它在這個世界上獨特地展現自己。它是平靜與滿足的基礎。

也許一點平靜和滿足聽起來會讓人放鬆，就像被關了一整天後深吸一口新鮮空氣，或者在酷熱的仲夏下午喝一口涼水一樣。但我所說的不僅僅是稍微的緩解。在你的「本質自我」中存在著一種包羅萬象的可能性。你可以擁有一切。

我所說的「一切」不僅僅是物質上的舒適或成就。我的意思是恢復整體性、回歸到你本來打算成為的存在之平靜——與「神聖意識」的結合。這種恢復重新定義了身為人的意義。意識之光消除了存在於你身體每個細胞中的虛幻故事、虛假身分、無意識的模式和未解決的記憶。它還消除了從你內心深處冒出來的悲傷、恐懼和憤怒。

目前，關於身為人代表什麼的錯誤陳述，是由痛苦、限制和恐懼來定義的。它包括分離的感覺和透過人際關係、物質財富和成就來滿足你自己的無休止掙扎。它還包括受害的感覺，一種普遍的感受，即人生中的事正發生在你身上，而你無力做出任何真正的改變——這些都會導致不滿。

有時，不滿是非常微妙的，就像在你的經驗中已經變得正常的微弱氣味。你在餐廳點的菜不對，所以你整頓飯都吃得心不在焉，看著別人點了什麼，想知道它們嚐起來的味道如何，而不是全心地和你的配偶同在。

你最好的朋友極力誇讚她的冥想課程，因此你退出了你的課程並加入了她的，但現在你發現你沒有體驗到同等的結果。你花了整節課的時間，那本來應該是致力於擴展你的意識的課程，而你卻感到煩躁，並懷疑自己是否犯了錯。

你為參加最好朋友的生日派對買了新衣，此刻你在猜想：顏色對嗎？會不會太花俏、太緊了？如果你之前花更多時間購物，能找到更便宜的嗎？你總是在購物、退貨和回購，以找到能讓別人眼中的你就是你內心想要的感覺的東西。你說你有很高的標準，藉以合理化這一切，但事實是你試圖在製造外在的舒適、自信、滿足和自我價值。

這個課題也會破壞你的人際關係，阻止你眼前的伴侶獲得公平的機會。你的朋友在遇到伴侶後的第二個週年紀念時收到一枚訂婚戒指。即使你跟你的伴侶也是約會了兩年，但他拒絕做出承諾。你的心智永遠不會停止創造和重新排列這個人應該表現出的特質清單，同時強化你在選擇伴侶方面完全失敗的信念。你開始相信一定有更好的人在等你。

你的婚姻一點也不穩固，而且你的妻子現在透過社群媒體與一位大學前男友重新聯繫上。比起每天晚上看到你在辛苦工作一天後走進家門，她似乎更高興這麼多年後能找到他。你以前被騙過，於是馬上得出結論，認為這種情況最終會讓你走上同樣的道路。你開始考慮離婚，這樣你這次就不會是被拋棄的那個人了。

恢復真實性會結束這一切的心智遊戲。在這恢復中，你的平靜不受外界因素的影響。當你體現你的「本質自我」時，在所有場景下，**你所做的任何選擇都是**

**正確的**。沒有抱怨或不確定的餘地。一種深刻的持續性和深遠的連結能量瀰漫在你的日常生活中。你站在一個更強大、更高的內在平台上，敬畏著生命的多種樣貌。不滿就像春風吹起的枯葉一樣消失了。

> 當你體現你的「本質自我」時，在所有場景下，你所做的任何選擇都是正確的。沒有抱怨或不確定的餘地。

恢復還包括重新建立生活的喜悅，以及感謝曾經認為理所當然的事：能看到你所愛之人的臉的雙眼、能聽到你孩子笑聲的耳朵、能晨跑的腿，和能進行深層與充分呼吸的肺。在當下的寬廣中，有一種無限可能性的覺知不斷浮現：與你不認識的人的短暫交流、在漫長的一天工作後聽到你最喜歡的歌、有時間寫日記、一種親近自然的感覺，以及當中一股更高的原力。

成為真正的人就是在你的意識體驗中保持快樂、富足、平靜、愛和滿足的特性，即與宇宙相連結，以活在你周圍世界的流動和動能中。這一切都是你與生俱來的權利。這是真正的可能性。

當有個充滿了黑暗的房間，而且你對身處其中感到不舒服時，第一個反應就是抗拒或試圖控制它。當這沒用時，下一個反應就是把它推開，這實際上是不可能的。然後你嘗試談判，但事實證明這完全沒用。當這也失敗時，它就會變成一場全面戰爭。但黑暗沒有回應。黑暗依然存在。同樣地，你的習性是對抗、抵抗或控制那些看起來不像你慣於相信是通往幸福的道路的事物。你與不足、限制、痛苦和你害怕的一切鬥爭。但是你的鬥爭永遠不會帶來平靜。

我們都希望被愛、被接納和感覺自己有價值，所以你已經接受了制約且隱藏了你的「本質自我」，喜歡偽裝。你活在分離中，將世界視為我和你、我們和他們、朋友和敵人、對與錯。你花了很多時間試圖以某些方式出現在某些人面前，好像你需要操縱這個世界來承認你的價值。你很「好」，因為那是你被教導要成為的樣子。有禮貌的外表。你抓住了錯誤的承諾。你活在過去和未來。你會用酒精、毒品、賭博、性、社群媒體與更多事物來分散自己的痛苦。悲傷開始滋長。你接受治療、閱讀自我成長書籍，且參加無數的研討會或閉關修行。你得到了暫時的解脫，但最終黑暗再次包圍了你。它似乎對你的努力無動於衷。

你要如何消除黑暗？有第二個原則。你打開燈——或以你而言，你發現了「本質自我」的真實之光。這意味著你將注意力從外在世界的不和諧和嘈雜中轉移，並意識到內在的一切——不適與不和諧，讓你想逃跑或躲藏的內在狀態。

你將覺知之光照射在你的感受、想法和動機上，就像那個僧侶用手電筒照在雕像的裂縫上一樣。你開始看到你一直在逃避、推開和抵抗的事物。你不再試圖從你自己之外的任何事物中獲取滿足感。你開始探究你的劇本的本質，而不只是盲目地把它演出來。當你的意識增強時，泥土會碎裂，而你的自然光芒就會顯現出來，在大白天下的真實黃金。

你面對的黑暗是分離。你的分離是忘記你的「本質自我」，掩藏了真實的你，活在一個被創造出來的自我中。在你所扮演的角色之下、在你所看到的黑暗之下、在你所感受到的悲傷之下，是你那明亮的佛性。真正的承諾、真正的可能性，就是活在那道光中，三摩地。當燈一打開，黑暗就消失了。這不是打仗和贏得戰役。這不是要改變黑暗或修復損壞的東西。如你所是，即已足夠。

展現光明，驅逐黑暗。

## 3 制約

沒有人願意選擇黑暗。你從真實到不真實的這種情況會出現，是因為你所經歷過的事。它的出現是因為制約和傷害。

你還記得在你很小、很天真的時候嗎？在生活如此簡單、有趣和自由的時候？除了成為你之外，沒有任何壓力。你不用考慮別人對你的看法。你沒有看到你和朋友們之間的差異。只有簡單的、無限的、真實的和自然的喜悅。

在人生的這個階段，你會在公園裡玩好幾個小時，沒有時間的概念。你在海邊堆沙堡，只是為了看著它們被海浪沖走。你坐在草地上，在泥地中扭動你的腳趾，然後咯咯大笑。你感到自由。很多時候，你會迷失在自己的虛構世界中——一個天真的孩子變成了芭蕾舞演員、超級英雄或牛仔。生活很簡單，充滿愛、和平、好奇、探索和滿足。

但後來你不小心打破了客廳的窗戶。你父親大叫。有史以來第一次，有人對你說你很糟糕。你體驗到恐懼。你感到羞恥。你的安全基礎被打破了。最重要的是，你非常渴望得到他的愛和認可。

你沒有被邀請參加某個生日聚會。你的同學們滿懷期待和興奮地談論它。你感到被排擠、孤獨、困惑和與眾不同，就像你媽媽曾唸給你聽的書裡的「醜小鴨」一樣。到了星期一早上，你無意中聽到孩子們講述著那個你錯過的有趣活動。一種未知的情緒在你的胸口下方燃燒，並上升到你的喉嚨形成一個腫塊。它嚐起來很苦，就像你不允許自己哭出來的眼淚。你學會用力吞下去。你想拚命融入。你想被接受並避免被拒絕。

你父母經常吵架。他們不快樂。你可以感受到你母親的悲傷，就好像它是你自己的一樣。傷人的話像飛過空中的箭，直刺人心。也許他們會離婚。不管是什麼，某種程度上是你的錯。你覺得一定是你不乖，或你就是個壞孩子。恐懼和內疚像毒蛇一樣在你的小小身體裡盤旋。你非常渴望被愛並再次感到安全。

你發誓要成為一個好女孩或好男孩。而且不僅僅是好的——還要是完美的。你會盡你所能讓你的父母高興、讓你的老師開心，以遏止那些令人不快的事。你對他人的情緒狀態變得非常敏感，你培養出敏銳的意識，知道什麼該說、什麼不該說、什麼時候該離開、什麼時候該留下，以便盡可能地管理周圍的能量。你會做任何事情來避免引起騷動。

一切就等於一場精彩的演出。當你感到難過時，你會跑到洗手間哭泣。偶爾，有些事情會引發憤怒。但是當你猛烈抨擊你的兄弟姊妹，很快就會意識到最終你只會受到懲罰和孤單一人。你學會隱藏你的真實感受，或者只是偶爾不情願地表現出來。假笑成為你最好的防禦武器之一。你非常小心你允許別人看到的東西。當你感覺不好的時候，你就盡可能地把它往下塞緊。

而這不僅僅是你的感受。在你未解決的情緒能量的推動下，你平靜的頭腦變得焦躁不安。它變得有強迫性，無休止地創造出你可能害怕和擔心的場景。心智的喋喋不休成為你腦海中的獨裁者，一種無法安靜下來的內心聲音：「你為什麼那樣說？現在他們永遠不會喜歡你了。你在想什麼？他們是對的，你是愚蠢的！真是個失敗者。」它從不休息。你擔心別人會說什麼或做什麼。為了逃避，你開始生活在過去和未來，而不是此時此刻。

你被告知你是一個罪人，而且你必須被拯救。如果你沒得救、如果你不小心，你可能會被永遠送入地獄。但像發生這樣的事會如何？有一次你把柳橙汁弄倒到早餐桌上，它順著你的腿流到地板上，你媽媽非常生氣；或你一直不喜歡餵你曾答應要照顧的家貓？或你一直沒有做作業，卻謊稱忘在家裡了。當你想到罪時，這些經歷會在你的腦海中閃過。你便認定你是不值得的。

這是中學的正式舞會，而除了你之外，每個人都受到邀請去跳舞。你不夠帥、不夠漂亮、不夠瘦。你不在正確的社交圈子裡。你決定不惜一切代價為明年創造一個新的自己。你的暑假變成全力以赴要讓自己變得更瘦、更迷人和更有趣。無論如何，你必須得到認可和接受。

最終你學會了諷刺的力量，即使以犧牲他人的感受為代價。你善用你的敏感度，知道什麼該說、什麼不該說，以確保你被喜歡並得到你需要的東西。這是為了生存而操弄，為了保護這個永遠不夠好、脆弱的微小存在。

你創造了一個值得讓社會接受和世界讚賞的強大外表、覆蓋物、外殼。它是你每天早上穿上的一件閃亮盔甲，但它已經開始形成你的皮膚。在那件盔甲之下，你討厭那個沒有外表所需要的、那個笨拙、軟弱或無能的小女孩或男孩。

有意識或無意識地，你認為這個孩子是你悲慘的根源。如果這個孩子更好、更堅強、更聰明且更容易被接受，你就不會受苦了。所以你開始生活在一個被創造出來的自我中、一個你認為會被愛的外表中。

身為一個青少年，你開始探索你的身分認同、你的性取向以及如何融入社交生活。你用化妝品掩飾你的粉刺，開始說髒話。最重要的是，你只想看起來很酷。但是當你觸摸自己的身體且感覺很好時，卻有罪惡感。在教會裡，他們說性是不好的。既然你正在體驗這些新的感覺，你就會無意識地猜測你一定也很糟糕。羞恥感開始出現。

在高中時，你成為成績優異者、成績不佳者、叛逆者、完美主義者。你也會扮演一個角色——漂亮的女孩、書呆子、運動迷、戲劇演員、酷孩子、小丑、兇惡的女孩、情緒不穩定的人或「跟每個人都是朋友」、漂浮不定的人。不管怎樣，你已經感受到了你自身制約的枷鎖，且開始叛逆。但即使在你的新角色中，在這個「解放」的角色中，你仍然感到被限制，因為你在對自己和你的真實做出反應和抵抗。

從你出生的那一刻起，在你的整個童年、青春期和青少年後期，你都被制約在你的真實性之外，且遠離你的「神聖本質」。你受到了影響和改變，好讓你能取悅別人。你已經適應了，學會從恐懼、不足和匱乏中生存，因為這些是主宰你所生活的世界的能量，在那個世界，生氣、感到悲傷、痛苦都是錯誤的。你創造了一個夠好的表相。

從你出生的那一刻起，在你的整個童年、青春期和青少年後期，你都被制約在你的真實性之外，且遠離你的「神聖本質」。

無論你往哪裡看，制約都在那裡。它是一種陰險的控制機制，讓你相信你必須以某種方式思考、觀察、說話和行動，才能獲得愛和接納。你從你的父母身上尋求它，但那取決於你的行為舉止。你從朋友身上尋求它，但那取決於你能否駕馭棘手的社交動態。

你從宗教中尋求它，但那取決於你對規定和誡律的遵守程度。你從工作中尋求它，但那取決於你的表現。你從社會中尋求它，但那取決於你的學位、薪資等級和成就。

然後你試圖在你的關係中找到愛和接納，這也許是最痛苦的地方。你需要別人看到你、認知到你所否認的美麗和深度。但即使你找到了男朋友或女朋友，你也無法接受他們的愛，因為你相信自己不值得。你的不完美讓你感到羞恥。

你成了偽裝大師、變色龍。你變得如此善於適應人們對你的期望，以至於開始忘記你的真實色彩。你從來沒有真正讓別人看到你是誰——你的缺點、你做過的「糟糕」的事、你犯的錯。如果別人看到真實的你，就不可能仍舊喜愛你。你一遍又一遍地找到願意一起跳舞的人，但最後的動作總是一樣的——某種形式的背叛、遺棄或拒絕。

這種社交程式、制約的軟體，就是語言。就是你被告知、教導、被迫相信，以及被指示都是正確和可接受的一切。那個編程與強化的情感結合在一起。這是你透過接受或拒絕的力量而受到控制的方式。你原本是個柔軟、溫柔的孩子，卻被塑造成遵守一種思考、行動和相信方式的人。你被迫去創造那個表相。

讓我們看一個例子，說明這些控制機制有多陰險。當談論到性時，社會通常使用高強度的語言，這會接著產生高度的情緒反應——羞恥或罪惡感——接著試圖在孩子內心產生某種形式的性別一致性。這是可接受的事物。如果你超出了這些界限，那麼我們將會給你相當於我們給實驗室老鼠的待遇。我們不會給你電擊，而是透過我們已制約你、讓你感覺不好的語言，來給你一種被強化的內在情緒反應。如果你準確地按照我們所說的去做，我們會給你祝福、獎賞、接納和愛。

那就是制約、社交工程[1]、設計程式。而不僅僅是與性有關，它與一切都有關。正是制約創造了那個你活在其背後的表相，掩蓋了你的「本質自我」。

> 正是制約創造了那個你活在其背後的表相，掩蓋了你的「本質自我」。

能夠完全符合這種制約的人很少。盒子太窄、太侷限。為了完全被接受，你必須壓抑真正的你。你必須不斷地拒絕你自己，才能融入社會。你被告知什麼是對、什麼是錯。透過包括電視、電影、雜誌和網路在內的各種媒體，你被告知成功指的是什麼、有吸引力代表什麼、成功意味著什麼，以及愛情看起來應該是什麼樣子。

深埋在那表相和痛苦之下的，就是你的「神聖本質」。你已掩蓋了它，且忘記了你的「本質自我」，徒勞地向外尋找這個世界上沒有任何人與事能給你的某件事物。畢竟，你要如何讓一個充滿不會愛或接受自己的人的星球，負起愛你和接受你的責任呢？

你要如何讓一個充滿不會愛或接受自己的人的星球，負起愛你和接受你的責任呢？

是時候停止在你永遠找不到接納的地方尋求它，並終於臣服於你所是的平靜。從這個創造出來的、受制約的自我中解脫出來，是通往超然的平靜、愛、健康、富足和喜悅的道路。這是通往自由的最終門檻。

1 social engineering，是以影響力或說服力來欺騙他人，以獲得有用的資訊，這是近年來造成企業或個人極大威脅和損失的駭客攻擊手法。

# 4 你的核心創傷

細節無關緊要。事實上，你甚至可能不記得發生了什麼事。重要的是，在你人格形成的那些年，有某個重要的關頭——當你第一次意識到，你的「本質自我」無法融入你出生的這個世界的制約時。那是一個情緒折磨和混亂的時刻，像一個振動的能量紋身烙印在你身上。你並不安全。你在某種程度上是不可愛的。你沒有符合標準。你正在經歷恐懼。你是孤單一人。

與那事件同時，一種深深的不值得感進入你的振動領域，並因羞恥和罪惡感而膠著在原地。更多類似的經歷疊加在最初的那一個上，而積累出一種更普遍的感覺，即無論如何，你都不值得人生所提供的美好。這種不值得感是你的核心創傷，而它從一開始就塑造了你的整個人生。

你做出的大多數決定、你追求的目標、你渴望的關係，以及你正在創造的人生，都是由彌補你的核心創傷的需要所驅動，透過的是從外在世界尋求愛、認可、接納和奉承。這些年來，你可能已經培養了一種得體的舉止，以確保自己能取悅他人，或者你的奉承技巧已臻於完美。你可能會把自己掩蓋在一種虛假的謙遜氛圍中（這其實只讓你自己變得渺小，好讓別人感到快樂和舒服）。

也許你決定成為一個完美的信徒，希望那份聖潔能成為你的救世主。或者是成為一個能去改變世界的社會改革者。或者你努力成為耀眼的優秀父母榜樣。但由於所有這些努力都是專注於外在的，依賴他人或根植於羞愧，所以你永遠找不到你在尋求的事物。

一而再，再而三，你最後被拒絕、背叛、拋棄，或就只是令他人失望。即使當你事業成功賺了很多錢、成名，或找到了完美的伴侶，你也沒有真正因此而滿足。有一種揮之不去的絕望，一種像影子般依附在你身上的悲傷。那還不夠。你還不夠好。

三十五歲時，你和你的老闆會談，進行你的年度績效評估。你討好有權力的人，以犧牲和家人及朋友的關係為代價，加班到深夜和週末，為了升職而辛苦掙扎，取得了超乎預期的成就。你是一個完美主義者，因為只有完美，你才值得被認可。你已經做了可能做到的一切，讓自己對你的老闆來說是個無價之寶。但隨後他告訴你別人獲得了升職。你的心智進入受害者狀態、批判、憤怒、報復。而在這一切之下，是一種沉重的絕望感。

四十歲時，你努力成為完美的父母。你為了你的孩子犧牲，而且為了照顧他們度過了無數個失眠的夜晚。你冒著用光退休金的風險，把錢花在他們的教育上，然後去做心理諮商以使一切變得更好。你期待他們會回報你的努力，但現在你的兒子從來不打電話給你，而你的女兒只是告訴你她要輟學了，並且不想聽你的意見。

在這一切的基礎上，有一種恐懼升起。它是如此微妙，以至於你甚至沒有意識到它對你的存在提供了多少刺激。這是一種害怕你會失去你的權力、金錢和地位的恐懼。害怕你會孤獨、不被愛以及被遺忘。害怕你會被發現是一個冒牌貨。對疾病的恐懼。對失去的恐懼。害怕你的缺點將曝露在大家面前被批判。這些恐懼讓你徹夜難眠。

五十歲時，當你的配偶提出離婚，你感到震驚。你為你的伴侶做了一切。你分擔了家務且全職工作。你為你的配偶而打扮、用討人喜歡的方式說話、支持他或她的目標，且做出了犧牲，多到數不清。現在你的配偶想離開你。在你的腦海中，你會想：「我失敗了。我看起來太老了。我不夠聰明。我抱怨太多了。我不再有吸引力。我不可愛。」單單這個行為就證實了你的不值得，而你的世界就崩塌了。沮喪就源自這瓦礫堆。

多年以來，你成功避開了這些感覺。你試圖透過酒精、藥物或運動，來平息你腦海中的想法。也許是賭博、性、過度工作、暴飲暴食、沉迷在電視和電影、色情或社群媒體中。你成為一個分散注意力和逃避的大師。有抗憂鬱藥能削弱這些感覺。或者，當你試圖控制一個無法控制又無法戰勝的情況時，你養成了某種上癮症，把你的怒火發洩到自己身上。

因為你永遠不會向任何人展現你的真實樣貌，所以與人親密是不可能的。你可以被一群世界上最有愛的人、也許是一個靈性團體或你的家人所圍繞，但你仍然感到孤獨。也許你住在最大的城市之一，在數以百萬計其他靈魂的忙碌喧囂中，但由於你閃避了自己，與其他人的深入連結也閃避了你。

> 因為你永遠不會向任何人展現你的真實樣貌，所以與人親密是不可能的。

在你的親密關係中也是如此。無論最初的化學反應多麼誘人，你從來無法體驗到你渴望的連結深度。你不斷試圖修復對方，因為這讓你覺得自己的存在有價值，但最終他或她透過拒絕你的「幫助」來壓垮你。你也害怕展現自己「令人難以接受」的部分。你害怕被視為需要過多關注的人。但主要是你害怕被拒絕的刺痛感。

你的核心創傷是與自我之愛的分離，其導致深層的不值得感。療癒那份傷痛是回到你「本質自我」的旅程。為了開始旅程，你必須轉身面對這種不值得感。荊棘只能透過找到並面對它才能拔除，要承認它對你的影響，無論多麼短暫。你一直以來在做的就是把目光從核心創傷處移開，透過賺更多的錢、改變人際關係、專注在「自我提升」，來分散你自己的注意力，而不是把內在焦點集中在那件真正需要你關注、並可以帶來不同的事情上。

> 你的核心創傷是與自我之愛的分離，其導致深層的不值得感。療癒那份傷痛是回到你「本質自我」的旅程。

恐懼的能量和生存的掙扎產生了一種大多數人一生都在逃避的內在感覺。自由來自於不帶批判地給予那份感覺有意識的關注。你願意臣服於不值得、不可愛或不夠的感覺，就是讓恩典進入的裂縫。

在有意識的關注中存在的是你創造真正蛻變的力量。印度哲學家吉杜・克里希那穆提（J. Krishnamurti）寫道：「智慧的最高形式是不帶評價地觀察自己的能力。」正是這種不加以批判的觀察狀態，存在著你那純淨潛能的集中力量。

幾十年來，你失去了與你「本質自我」的連結。你可能會因為多年來的自我厭惡、怨恨、後悔，以及因始終無法完全感受到你是誰與你必須提供的已足夠所產生的惱怒，而感到內心受創。這份痛苦的恩典在於它吸引你去尋找真理。這是內在的、有時是無意識的渴望，想要憶起和回歸你的「本質自我」。這份渴望將恩典和光亮帶進你的人生，並點燃開悟和回歸真實的可能性。

---

這是內在的、有時是無意識的渴望，想要憶起和回歸你的「本質自我」。這份渴望將恩典和光亮帶進你的人生，並點燃開悟和回歸真實的可能性。

---

有些人認為開悟就是當你冥想夠久或做了夠多善事後，就可以前往的夢想之地。但事實上，開悟是當你擺脫你的不真實並回到真實自我時，它就會展現的一股振動重新校準的能量。

它並不總是整齊和美麗的，但它是一個原始且真實的過程，會從內在修復完整性和價值感。它消除了痛苦。它是真愛、喜悅和連結的體現。它是你的三摩地。

最終，它是真正自由的禮物。

# 5 本質自我

你的「本質自我」是開闊的。它是純粹的意識、普遍的覺知，而且它是這個世界上所有表達、創意和擴展的基礎。它是最純粹的「你」。你帶著這種本質的純真和純潔進入了這個世界，但人生中的事件讓你遠離並覆蓋了你存在的核心基礎。你已經忘記了本質的你。

當你忘記時，你會做一些非常奇怪的事情。你體驗到你的心智正在思考、你的感受升起，以及你的身體正在運作，然後你得出結論，你體驗到的這些面向就是你是誰的全貌。你說：「我很胖。」「我很沮喪。」「我很窮、心灰意冷，且絕望。」「我很生氣。」或「我很愚蠢。」彷彿你**就是**那個想法、感覺、情況或身體部位。但這些都是錯誤的認知，會導致不必要的痛苦和永久的限制。你已經習慣於過度認同你的心智和身體，而這種限制已囚禁了你的存在。

笛卡兒著名的格言「Cogito ergo sum」（「我思；故我在」）已成為現代西方哲學的基礎。不是對「本質自我」的多維度面向的整體認同，思考的心智反而成了我們存在的主要指標。在上個世紀的歷程中，大腦功能本身成為科學探究的主要焦點之一。而今天，社會往往將焦慮和抑鬱等障礙僅僅視為大腦化學物質的問題。最重要的是，西方心理學越來越專注於「正面思考的力量」，這成為名為「新思維」極具影響力的靈性運動的基礎。

但是，僅僅以心智為導向是有侷限性的。它沒有考慮到個人的完整振動組成。是的，心智是你是誰的一部分，但也有「存在」的核心基礎——**一種可以觀察、互動和形成思維模式的覺知**。在他的明確評估中，笛卡兒錯過了基本事實：「我在；故我思」。「我在」是「存在」或「靈魂」，它代表了我們潛能的整體。

當你想著「我很富有」時，你所擁有的是一個力量有限的想法，因為它與其源頭——靈魂的連結有限。你可以想或說一百萬次「我很富有」，但這種心理鍛鍊很少會產生明顯的變化。這就像哀嘆自己活在黑暗中，其實一直住在發電廠旁邊、或者明明有電，卻從不開燈。正如發電廠代表潛在的連結一樣，一旦進入「存在」，就會為蛻變的過程提供動力。除非你的心理渴望與「存在」的力量校準，否則它們無法成立。

我們當前的文化將身體尊崇為價值感之家和自我所在之處；見證了像是宗教、極端飲食、基於美容理由進行的醫療程序、自拍以及對名人的迷戀等運動。統計數據顯示，即使身體健康強壯，也有很多人對自己的體型和身型不滿意。而儘管我們尚未完全了解社群媒體帶來的心理衝擊，但毫無疑問，它助長了對外表和膚淺的一種文化痴迷。

如今，即使是靈性也很膚淺，專注於身體和心智。東方的神祕主義變得更容易被西方的觀點所接受，而經過翻譯後也失去了很多的深度和目的。哈達瑜伽是最古老、最深刻的修行之一，已成為與身體、伸展和有氧運動有關的一種健身房運動。許多工作坊和「靈性僻靜所」專注於讓人們獲得特定結果——更多的金錢、一段關係、更苗條的身材——但很少將焦點放在讓個人與他們的靈魂連結，靈魂才是超越時空限制的「存在」之永恆部分。

小我挪用了「靈性」活動，但加以稀釋，使它們無效，確保沒有發生太大的變化。任何威脅現狀或有蛻變力量的事物都被妖魔化，因為它威脅到了更大的小我結構。人們會讀一本關於蛻變的書或學習一項技巧，但很少人會超越這一點，且全力以赴地尋找和揭示他們的靈魂。

但這一切即將改變。人類識別自我所在之處的方式已經分階段進行。這些階段是漸進的。現在已到了靈魂認同的階段。你有心智，也有身體，但真相是，你是「靈魂」。

你是正在體驗心智和身體的「存有」。這種對「靈魂」的憶起是東方神祕主義真理的成熟表現。現在即將出現的完整的蛻變典範，需要包含作為一個基礎元素的「本質自我」。這是一股有意識的人類進化浪潮——將覺知擴展到整體的深度。在靈魂完全被解放和揭示之前，它無法在你的人生中充分發揮其力量和潛能。靈魂是你唯一有足夠力量能讓你蛻變的部分。「靈魂」的認同和體現三摩地狀態是下一個進化的新領域。

當你接受生活在一個世界，在其中你只體驗到真實的你非常有限的一部分時，那是令人不安的。你無法理解，但你知道缺少了某些東西。你的內心深處知道，還有更多東西。你的心智不斷地試圖從外部尋找平靜和成就感，因為那是人們告訴你要去看的地方。一場瘋狂的追尋隨之而來。你的心智瘋狂地試圖想出辦法——計劃、想像、擔心、生氣、感到迷惘。同時，你相信所有這些想法都是「你」。

當你接受生活在一個世界，在其中你只體驗到真實的你非常有限的一部分時，那是令人不安的。你無法理解，但你知道缺少了某些東西。你的內心深處知道，還有更多東西。

但是你**可以**退後一步，看著你的思緒飄過，就像你可以觀察一個充滿色彩鮮豔的熱帶魚和爬行生物的水族館一樣。你是那條用炫目的鰭在游動的魚嗎？當然不是。你是那個看著牠們在水中游來游去的人。你不是思想本身；你是「觀察者」。「觀察者」，那份覺知，就是你的「本質自我」。

前一刻你愛一個人，下一刻你恨那個人。但當愛似乎消失時，你是否也消失了？不。你還在這裡，用一盒冰淇淋或一包餅乾在床上為你的分手療傷。無論你有多麼痛苦，或者在你最絕望的時刻有多少熱淚從你的臉龐流下，你都不是你的悲傷或你的心痛。你也不是你所感受到的痴情，也不是恐懼、仇恨、歡笑。

身為「觀察者」，你可以感受到你的感覺在湧現和消退，就像你能坐在水岸邊，感受寒冷的潮水前一刻沖刷你的腳趾，然後下一刻又退去一樣。情緒是你體驗的一部分，而你允許自己去徹底感受它們，但它們並不能控制你；你也不是由它們定義的。然後它們就會過去。

每天早上，你把兩隻腳放在床邊的地板上。你最有可能做的第一件事就是走向浴室。在鏡子裡，你看看自己——快速瞥一眼你的臉。誰在回看你？當你進入淋浴間時，你會打量你的臀部、大腿、背部。你認同那個身體，且你認為那個身體太矮胖、太走樣或太多皺紋了。這樣的打量喚醒了內在的情緒反應，而在這個體驗中，你不知不覺地得出結論：「這就是我。」但身體不是「本質自我」。然而你不斷地強化這樣的想法。

想想認同一具永遠不完美、總是衰老、經常受苦，且最終死亡的身體時的感受。想想認同混亂的想法會像什麼——有些想法是快樂的、不合理的、可恨的、語無倫次的以及有說服力的。想一想，當認同那些有時會壓垮你、有時會讓你逃避的情緒，你會有什麼感覺。那是個雲霄飛車般的存在，可以讓任何人發瘋。當身體處於最佳狀態時，當心智冷靜三十秒時，以及當你感到快樂時，一切都很好。但在其他九九・八%的時間裡，就有點瘋狂了。

難怪你會感到不值得和難過。你已經遮掩了你的「本質自我」，並且認同了一個被創造出來的自我及身體、心智和情緒——所有這些都在不斷變化。這種有限的認同缺乏強大的基礎。花一分鐘想像一下，世界上最令人讚嘆、最具新意的摩天大樓之一，在夜空的映襯下熠熠生輝，聳立於城市景觀中。現在想像一下，這座屢屢獲獎、引人入勝的現代高樓是建在沙地上，沒有鋼筋混凝土和鋼構地基。當建築物缺乏堅實的基礎，倒塌即將發生。

同樣的事情也會發生在你的人生中。在這種與你的「本質自我」分離的狀態下，你可能會感到內心虛弱，彷彿一遇到任何困難或批評，你可能就會崩潰。人生帶來的任何阻力都會把你摧毀。你體驗到一文不值的感覺，並活在對你自己的思想、感覺、外表和環境的抗拒和批判中。然後你待在那裡，因為你已經習慣於一心一意堅持「正常」的任何事物，即使當正常是混亂、失衡的關係或缺乏財務安全感。你執著於熟悉的事物，即使它只是平庸的。你執著是因為那被創造出來的自我最大的恐懼就是未知。

你已經習慣於一心一意堅持「正常」的任何事物，即使當正常是混亂、失衡的關係或缺乏財務安全感。你執著於熟悉的事物，即使它只是平庸的。你執著是因為那被創造出來的自我最大的恐懼是未知。

人生再也騙不了你了。儘管它會持續地試圖說服你，實現你最大的渴望有數不盡的障礙，但你現在已經覺醒了。沒有任何人能勸阻你。曾經讓你陷入黑暗的分心事物，正在慢慢地失去對你的影響力。

當你欣然地重新連結到你的「本質自我」——你的靈魂——你會立即得到難以想像的蛻變力量和潛能。這股力量不費力氣、不強迫，也不用奮鬥。這是最自然的體驗，但因為我們已經習慣於遠離它，所以這種體驗感覺起來完全是陌生的。

當你欣然地重新連結到你的「本質自我」——你的靈魂——你會立即得

到難以想像的蛻變力量和潛能。這股力量不費力氣、不強迫，也不用奮鬥。

你美麗的心智、完美的身體、表達的情緒——它們使你與眾不同。它們都是你靈魂的載體。

# 6 振動的蛻變

你有沒有嘗試過一種「正面思考」的方法，來讓某件事發生在你的生命中，最後卻只發現什麼都沒有？假設你非常渴望創造財務上的富裕和獨立。你想像自己坐在成堆的現金上。你一遍又一遍地重複說：「我很富有。」你把寫有此咒語的黃色便條紙貼在浴室鏡子上。你製作了一個願景板，上面寫著你的財務獨立將提供的一切：汽車、房子、標示「已付清」的帳單，以及一張沒有財務擔憂、快樂的你的照片。你想像自己賺了一大筆獎金，你甚至可以給自己開一張百萬美元的支票、把它裱框起來，然後掛在你的辦公桌上。但是當月底到來時，你仍然拖欠付款。

現在，你凌晨三點從沉睡中醒來，充滿焦慮、汗流浹背且呼吸急促，感覺又是如何？你有多少次試圖透過單純的意志力來減緩大量令人擔憂的想法？你的神經緊張，你的胃感到不適。一個接一個淒涼的場景在你的腦海中上演。你的腎上腺素正在飆升。但是你越是告訴自己不要擔心、不要擔心、不要擔心，你就變得越焦慮。

如果你曾試圖透過控制自己的心智來影響改變，結果卻只感到疲倦和挫敗，那麼你並不孤單。僅僅透過心理技巧來創造改變是不可能的。這就像當感染已深入內部時，卻只治療開放性傷口的表面一樣。

只有當你處理抱持這些想法和信念的潛在能量，你才能有效地創造轉變。這就是為什麼我說能量的轉變總是伴隨著現實的變化。你的人生是你整體振動頻率的精確反映。要體驗真正的蛻變，就是去找到一種在這個世界新的存在與產生關聯的方式，一種錨定在你靈魂中的方式。

已故且神聖的偉恩・戴爾（Wayne Dyer）[2]曾經說過：「擠壓橘子時，你只會得到橘子汁。出來的就是裡面的東西。」這意味著，如果你的振動系統中潛伏著較稠密的能量，如痛苦、憤怒或沮喪，那麼你的外在現實中就會出現一些情況——可能是批評、背叛或延遲——以便把這些能量帶到表面上、能感受到它們，然後加以釋放。

只有當你內心已經有了生氣和悲傷的振動，才會有人讓你生氣或悲傷。當你反對某人時，**你正在反對的是你內在的一股能量**。當你的「按鈕被按下」時，**那是因為按鈕一開始就在那裡**。

你在人生中經歷重複的負面模式，是因為你尚未處理你自己未解決的部分。你又面臨另一個死胡同的工作、另一個專橫的雇主。你離婚又再婚，卻只發現自己處於完全相同的境地。你賺到了錢，卻只發現它似乎從你的指縫中溜走——又一次。

振動蛻變是一個強大的內在過程，它處理根深蒂固的、未解決的振動——稠密的情緒內容和制約——並透過有意識地接受無意識的不和諧的根本原因，將它們從不和諧的振動轉變為和諧的振動。然後你的實相開始反映這種變化，而真正持久的個人蛻變就會發生。化解你的悲傷、憤怒、痛苦、不值得，而你將不再需要外在情勢從你內心深處激起它們、並告訴你它們就在那裡。

大多數的人都試圖從外在彌補他們人生中的不足——「我沒有交往的對象，所以我會去參加一個關於如何找到對象的工作坊」——這只是另一種分心的方式。即便他們找到了新的對象，他們也會為了要長期保有這段關係而掙扎。當人們試圖將蛻變作為管理外在實相的一種方式——改變或修復自己和環境——他們就忽略了一個關鍵的事實。**你不需要被修復。如你所是，你就是完美的。**你只需要恢復與你的「本質自我」的連結，就可以憶起你的神聖藍圖。

2 偉恩州立大學教育諮詢博士，紐約聖約翰大學教授。自我啟發領域的作家與演說家，享譽國際，著有超過四十本書，錄製了許多影音課程，並上過數千次電視與電台節目。

你不需要被修復。如你所是，你就是完美的。

蛻變必須從能量的角度來處理。振動蛻變將你的焦點轉向內在，支持你整合你的核心傷痛，並促進你靈魂的動能出現。當蛻變是振動的，分離的症狀會自行消失，因為你已經處理了源頭。

所有人類苦難的根源是什麼？缺乏與「本質自我」的連結，缺乏與「神性」的連結。正如亞西西的聖方濟各（St. Francis of Assisi）所說的：「我們都在為我們知道但如今錯過的本質體驗而哀悼。光是良藥；其他都是安慰劑。」振動蛻變提供了與那道光的連結，它可以讓你擺脫痛苦，並在你人生的每一個領域產生擴展和增長。

忘記「本質自我」的症狀之一是猴心，一個不斷運轉的頭腦，透過喋喋不休的想法把你從當下拖到過去或推到未來，分散你的注意力。另一個是你的不值得感。另一個是錯誤地認同你的思想、情緒和身體。另一個是感覺分離。另一個是限制。造成這種情況的原因，是鎖在你內心的那股未解決的、稠密的振動能量。這使你離開了光，而這就是你忘記了自己最大和最重要的部分的原因。

讓我們看一個例子。你的伴侶剛剛告訴你他或她要離開你。在你心裡存在著兩種可能性：制約的反應或有意識的回應。制約的反應是你從社會、宗教、你的成長過程和你的經歷中蒐集到的所有概念的一個公式。制約的反應是基於小我的信念，即他人是一項所有物，是你虛構的自我的延伸。這是相互依賴。這就是造成被遺棄的痛苦的原因。如果沒有相互依賴，現實的情況就只是你的伴侶要離開了。但是，與其將它視為關係的演化，你反而根據言語強加於你創造出來的自我上的制約，來將它個人化：「為什麼這會發生在我身上？看看你對我做了什麼！」

受害者的陳述成為你的故事、你是誰。然後你就被鎖在制約的反應中，結果就是沒有去處理這種情況的自由。你已經將它個人化。而在這種個人化中，存在著巨大的、幾乎無法和解的痛苦。

你有一個微妙的神經系統，作用就像飛機的黑盒子一樣，以振動的方式記錄你人生中的每一次經歷。每一次經歷都會在你的神經系統中產生能量印象。這些印象被稱為印記。有些印象是支持性的、有些是中立的，有些則是稠密的。像愛、平靜、感恩、幸福或三摩地這樣的振動印象被認為是支持性的。像刷牙或小便這樣的印象幾乎沒有情感負擔、很少被個性化，則是中性的。

然後是個人化的、情緒化的，以及未解決的印象，例如恐懼、痛苦、憤怒和羞恥等稠密的印記。並不是說害怕、痛苦、憤怒和羞恥是錯的，而是因為這種振動感覺「不好」，所以你壓抑了這種感覺。你把它塞進心裡，且拒絕讓它進入有意識的覺知之光中。當你這樣做時，能量會失去動力並卡在心裡，從而遮蔽了「本質自我」。

當一種體驗及其能量印象過於強烈、高度情緒化、個人化和未解決時，能量就會變得稠密，而它會限制你的神經系統在最佳狀態下運作的能力，從而嚴重縮減了你活在擴展、共時性和可能性的任何機會。

你內心任何形式的抵抗都是一個危險信號，表示你需要檢視某些事物。你的抵抗力道越強，這些稠密的印記就越根深蒂固。你對某種境遇的認同、抗拒的感覺和個人化的程度，就是與那個境遇相關的能量在你的神經系統中被強化的程度。稠密的印記掩蓋了你的「本質自我」。它們窄化了你的意識狀態並導致你體驗到分離。這些能量阻礙了你生命力的流動，並因而沒有與靈魂校準。它們不和諧，因為它們隱藏了「本質自我」。它們也是不足和限制的原因，因為它們製造了你與存在於你之內的無限實相和力量之間的障礙。

當稠密的印記中未解的情緒能量得到解決和釋放時，事件的記憶仍然存在——但未解的和個人化的情緒內容被釋放了，它所造成的失能和限制被消除了。當你在連結中、從「本質自我」的所在之處開始運行，你就成了「見證者」，而且不再個人化或過度認同某種體驗。

我認識的一名女子剛開始和一個男人約會，他滔滔不絕地說著他那才華橫溢的員工珊蒂。他是一名企業家，而珊蒂對他的事業成功至關重要。一直以來，他總是說：「珊蒂是這麼聰明、傑出、有創意，我不知道沒有她我該怎麼辦。」「妳聽聽看珊蒂今天的想法。」在他的認知裡，他是在分享他的一天。但在我朋友的心目中，她的約會對象不斷讚美珊蒂卻引發了強烈且持續的嫉妒、對背叛的恐懼，以及不適任感。她形容這很折磨人。她不想表現出控制欲或佔有欲，所以她從來沒有提過。但最終這讓她非常困擾，便斷絕了這段關係。

一年後，她在新的城市與一位新的紳士進行第二次約會。他們度過快樂的時光、開心地笑並進一步認識彼此。談話中有連結、協調性，和美好能量。然後，彷彿朗讀劇本一樣，他開始了一段大約二十分鐘的獨白，說著他的生意夥伴斯史黛西的事，以及她是多麼聰明、有才華和創意，強調沒有她的話，他的公司將一事無成。

熟悉的詞句從他嘴裡脫口而出，同樣難受的情緒在我友人心裡從她的腹部飆升到她的喉嚨。突然間，她不想和這個心胸開闊的好人有任何關係。從邏輯上來說，她沒有理由有這種感覺。幾分鐘前他們才剛享用一頓豐盛的晚餐，還有燭光和美味的壽司。但是接著當他向她展示他的公司網站，而他公司的商標跟前任男友的一樣（一瓣橘子，在那麼多當中偏偏一樣）時，她的內在反應變得更加強烈。英文的「珊蒂」（Sandy）與「史黛西」（Stacy）只有差幾個字母。這感覺就像是《暮光之城》（*The Twilight Zone*）中的一個橋段。怎麼可能她會再次發現自己處於幾乎相同的場景中？最後，她停止從外在看這個情況，而是將注意力轉向了內在。

這是一個印記的啟動、一個在她的能量場中小我個人化的點。問題不在於珊蒂或史黛西。這跟兩位男士無關。**她**是涵蓋一切的共同分母，而她是被召喚去消融她之前被背叛的個人化經歷的印記，一種以稠密的能量存在於她的振動領域的背叛。憑藉對經歷有意識的、不帶批判的觀察，並願意面對它所引起的感受，她得以審視自己的不安全感和嫉妒心。她發現潛伏在它們下方的，是她自認為的不討人喜歡和悲傷，以及她從未以真實的自己受到認可的感覺。透過願意面對她內心的不適感，和當下意識的力量，黑暗就消失了。

當你在沒有抗拒或批判的情況下與一種情緒同在時，你會透過你自己的「存在」來提高它的振動。提高它的振動具有允許稠密的、被卡住的能量以更高的頻率來振動、並重新獲得動能的效果。當這種不和諧的能量變得較為和諧時，它就得以解決並向外移除。不管你有沒有在想，它都會發生，因為這股「我是」的能量，即你的核心，存在於這個有形世界的任何邏輯計算或規定之外。你的「神聖本質」遠大於智力。當你透過當下的覺知來汲取這股勢能時，就會在你的人生中釋放出它的力量。

> 你的「神聖本質」遠大於智力。當你透過當下的覺知來汲取這股勢能時，就會在你的人生中釋放出它的力量。

然而，追求快樂和逃避痛苦是人類的天性。自然地，你認為稠密的印記是負面的，並且在大多數情況下你會努力避開它們。但一個稠密的印記總是一個進入你的進化步驟的入口點。每當你被觸發、每當你在互動中感到不適時，都有一些方法可以讓你獲得更多的光、療癒與連結。人生總會給你帶來你需要的情境，以便進入你的最高表達。你的工作就是奔向體驗。

> 人生總會給你帶來你需要的情境，以便進入你的最高表達。你的工作就是奔向體驗。

我小時候在倫敦嘉年華會上最喜歡的景點之一，就是「鏡廳」。穿越其中時，那些反射回來的奇妙形狀和圖像，我怎麼都看不膩。在一面鏡子裡，我細長又彎曲的腿和搖搖晃晃的身體支撐著一個巨大的畸形頭。在另一面鏡子裡，一張像蟲子一樣細長的臉有著一雙晶亮的眼睛和一張鉛筆般薄的嘴。在另一面鏡子裡，我手風琴般的身體以一個奇怪的角度向側面傾斜。有些相似之處很有趣，而有些則被扭曲了。有幾個簡直嚇人。然而，每一個倒影的起源始終是我。我幾乎不知道這樣一個有趣的景點會成為我一生工作的有力隱喻。

古往今來的聖賢都知道，他們的內在狀態反映在所有的人、地方和情況上。在人生中，事情就是會發生，他們也會被觸發，但由於他們明白，宇宙的智慧總是在推動他們走向自我實現，因此他們沒有成為他們反應的犧牲品。他們更清楚地意識到，在任何時刻，兩件事的其中之一正在發生：要不就是你真實樣貌的完整性被反映到你身上，要不就是你那些未解決的面向正在被揭示。你的配偶、老闆、孩子、新聞、交通阻塞、工作的最後期限——每一個都有其特質、魅力、缺陷或挑戰——都在為了使你與自己更加和諧而服務著。

當你開始從這個角度來看待你的人生，一切都會改變。與其奔跑、躲藏和避免不適感，不如擁抱它，當成是通向自由的門檻。當你開始在所有事物中看到、體驗和擁抱自己，你就結束了投射、反應和批判的遊戲。你意識到的事物不再對你有無意識的控制力。如果你可以允許自己放鬆、並感受當你被觸發時需要去感受的東西，而不是封閉、責備、攻擊或分散自己的注意力，你將開始了解解脫。

善良和富有同情心比刻薄更符合你的「本質」，因此，它具有更高的振動。與充滿戲劇性、虐待和有被動攻擊行為[3]的家庭相比，生活在一個和平、充滿喜悅的合作家庭中具有更高的振動。在充滿愛和支持的環境中工作，比在一個每個人都在大吼大叫、情勢一觸即發、充滿戲劇性事件的工作中，能產生更高的振動。處於充滿愛的關係中，比處於你們總是在爭吵的關係中具有更高的振動。看一部有趣或靈性的電影，比看一部犯罪或恐怖電影能產生更高的振動。

但一個活動或情況本身是無關緊要的。重要的是你在執行活動的存在狀態和面對人生的接受程度。外在環境不是蛻變的先決條件。是你的內在連結決定了你的狀態、你的振動頻率。認識上帝沒有先決條件，無論是內在的還是外在的。

德蕾莎修女在貧民窟裡、世界上最貧窮的人群中工作。許多人生病並為生存

3 passive-aggressive behavior，對某事或某人很不滿，但又不直接表達出來，而是用一種消極的態度，例如拖延、諷刺、固執、不合作等來表達情緒的行為。

而掙扎。她幾乎一無所有。她過著最簡單的生活，但她是一個靈性巨人。這並不意味著她從不質疑人生或與情緒鬥爭，但它們並沒有主宰她的經歷。她的經歷是一種連結和真實性。她選擇了她的環境，而它們對她的連結狀態和她的內在體驗沒有影響。她與真實的自我保持一致，這讓她成為自己平靜的守護者。

你的外在實相總是有意識或無意識地被創造出來。你的振動共振總是在進化。當你進化時，你的選擇自然會進化。當你改變你的能量時，你的人生就會改變。蛻變是關於你的共振的自然加速、你的振動頻率，而這就是你進化的基礎。

蛻變不能強求。例如，你可能認為你需要放棄這個世界才能認識上帝。如果那是你的天性，那麼這對你來說可能是正面的、感到自然而然的。但是用強迫放棄來作為認識上帝的一種手段，只會產生更多的阻力。自然增強意識覺知，會讓那些與你的靈魂不相符的行為自然消失。隨著你的振動增加，同理心自然會增加。內在狀態讓你擺脫所有外在的執著。振動的蛻變會改變你的狀態，進入到更高的頻率，而當你的狀態發生變化時，你的外在生活會自然找到和諧與平衡。

你擁有的每一次經歷，其能量都會在你內心留下深刻的印記。每個人都是。你在身體、精神和情感上吸收的一切都會進入你的振動領域。是的，留意並有意識地選擇你吸收的一切能支持你的振動狀態。但是你無法一直管理你環境中的每一個細節，試圖這樣做會令人筋疲力盡，而且絕對是不可能的。因此，與其過度關注你的周圍環境，不如保持錨定在你的內在，知道這樣做你會得到支持，以不斷擴展你的個人頻率。

透過保持安靜並將你的注意力轉向內在，使你的振動盡可能與最高振動校準。將你與推動這個宇宙的生命勢能連結，當成你生命中最重要的事。做一個由內而外、而不是由外而內生活的人。培養你與靈魂的關係，就像你照料一個結出最甜美、最飽滿果實的美麗花園一樣——日復一日、一小時一小時地精心照料。讓自己沉浸在最高的振動頻率中，而這將反映在你的外在表達中。

將你與推動這個宇宙的生命力量連結，當成你生命中最重要的事。做一個由內而外、而不是由外而內生活的人。

然後合適的食物、衣服、汽車、工作、伴侶、房子將會找到你。在所有的生命場景中，你將被引導去顯化你的至善。當你與你的「本質自我」校準時，你會吸引與你共鳴的振動，也會在你的體驗中感受到這種共鳴。你還會面臨挑戰嗎？是的。但你將能夠感受到它們更深層的目的，並獲得隱藏在其中的祝福。

當你開始與你的「本質自我」合一，你與生俱來的平靜開始滲透到你的體驗中，直到它成為你的恆常狀態。

# 7 覺知

可以說是史上最偉大的物理學家愛因斯坦說：「你無法從創造問題的相同意識中解決問題。你必須學會重新看世界。」解決你的核心創傷也是如此。用產生它的相同意識狀態無法治癒它。你必須將自己提升到更高的振動頻率，以使自己擺脫不值得和不受喜愛的狀態。你的傷害是由恐懼造成；而愛會消融它。

你的傷害是由恐懼造成；而愛會消融它。

這份消融是透過單一意識發生的——單一能量——那個存在並推動所有事物的意識，在許多傳統中被稱為「上帝」或「神性」。這種能量就是一切。它是宇宙的生命力，而在個人之內，它在兩個主要層面上運作。

在一個層面上，它創造了你心智和身體中的行動：你肌肉的動作、你內臟器官的運作、你思想的形成、你嘴唇的動作、你頭髮的生長、透過最小的微血管的血液流動。它是一種強大的力量，為你眼睛的複雜運作提供動力，讓你看到周圍世界的形狀和定義。

在另一個層面上，它表現為一種進化的力量，一旦人類培養出不帶批判、單純觀察自己的能力，就會出現這種力量。當我們提高我們的覺知水平，這種蛻變的力量便開始透過經絡這個貫穿整個身體的巨大能量網絡，打開阻塞的通道、化解稠密的能量，讓我們與自己完全和諧。它從混亂中帶來秩序、從分離中帶來連結、從無知中帶來理解。增強的覺知或有意識的觀察能夠解決「個人化」體驗，並消融隱藏「本質自我」的一切。那份消融提供了汲取宇宙之愛、合一和連結體驗的途徑。

當你開始培養更高層次的覺知，你內在的進化力量會將你內在所有未解決的事物帶到表層，讓你去體驗和擁抱。你可能會發現你對周圍的人非常容易感到煩躁和批判，即使是陌生人也會惹惱你。或者你可能會感到悲傷、憤怒或其他痛苦。

我認識的一個年輕人的哥哥經歷了一次嚴重的精神病發作，導致他無法與他人溝通。年輕人與哥哥的關係十分親近，而這對他來說是無比的震撼和痛苦。似乎有太多的事物消失在黑暗中。然而，因為他已開始練習有意識的覺知，便允許自己去感受如潮汐般一波又一波湧出的悲傷、痛苦、恐懼和無能為力，但他沒有被那些情緒打敗。

他明白幫助他哥哥最好的方法，就是盡可能地多培養愛。他知道愛在他內心，在所有那些痛苦和恐懼的另一面。隨著稠密的情緒升起，他讓自己去感受並釋放它們。在創造出來的空間中，他的心打開了，也對那些精神疾病患者及其家人產生了新的同理心。他認可了生命的脆弱和將生命發揮到淋漓盡致的重要性。

最後的結果是他內心發生了變化，而他的人生也反映了這一點。他放棄了一份不再適合的工作、換了個城市住，而且開始用他一直想要但又不敢去過的生活方式過了一段日子。透過這種振動的蛻變，他彷彿在此生進入了一個新的化身。

你現在就可以透過你內在的「神聖意識」的力量開始振動蛻變。無論你對目前的情況感到多麼負面、你認為自己是多麼失敗、在人際關係方面是多麼絕望，有一部分的你，此時此地，是超然的。那部分的你是不能以任何方式去改變、扭轉或損壞的。

無論你對目前的情況感到多麼負面、你認為自己是多麼失敗、在人際關係方面是多麼絕望，有一部分的你，此時此地，是超然的。那部分的你是不能以任何方式去改變、扭轉或損壞的。

假設你因為說了某件事而被你身邊的人——女朋友、男朋友、配偶或兄弟姊妹——嚴厲批評。你開始感到深深的羞恥，並開始感到一種灼痛。談話幾分鐘後，你開始體驗到一種熟悉的感覺在你身上蔓延。你以前從來沒有真正說出口，但它就像這樣：「我厭倦了你叫我出去。我所說的一切都是愚蠢或尷尬的。每次我一開口，你看著我的樣子就像我是某種失敗者。」

這股沉重的能量通常會激起你的言行失控或某種形式的反擊；你需要盡可能像你被傷害一樣地傷害對方。與其落入這個熟悉的習慣，不如運用你當下覺知的力量。坐下來覺知到你的感受。觀察你心智中無休止的評論，不成為其無情訊息的犧牲品。如果你有類似這樣的想法：「她總是讓我感到自卑。她從來不用面對任何真正的挑戰。她接觸到的一切都會變成黃金。我想爸爸是對的。她對我而言太好了。我永遠都不夠格。」就放鬆、做幾次深呼吸，然後站在所有正在發生的事情後面。

你會經常發現，你的心智會利用一切可用的資源來實現不和諧，以保持內在阻力的活躍。但是你有選擇。你可以中立地見證這一切。

抵抗那個想躲到分心事物中的渴望。將你的智慧型手機留在原處。遠離酒精。注意你身體的感覺。很重嗎？是苦的嗎？它是否集中在你的太陽神經叢周圍？你的喉嚨呢？當你保持在當下，「存在」的輕盈會將動能重新注入沉重的、卡住的能量中。進入觀察中並去感受那份沉重。將有意識的覺知之光照在上面。

一開始，很難只和自己在一起，因為你內在充滿了不適感。你訓練有素，可以去到某個地方、為所有事情去擁有或創造出一個點。你是一個專門在「做事」的人類，是為了高成效、低維護和快速交付而設計的。

最重要的是，從很小的時候起，你就有意識或無意識地被教導將悲傷視為軟弱、將壓力視為負面、將憤怒視為錯誤，以及將孤獨視為應該避免的某件事。當一種不舒服的情緒出現時，例如憤怒，你的第一個反應是把它貼上不可接受的標籤。然後你因為感覺到它而給自己貼上「不好」的標籤。它觸發了你父親的憤怒、你母親的受害，或你自己的情感傷害的記憶，並引發了大量痛苦的印記。你感覺自己好像被流沙淹沒了。

為了推開或關閉這個自動過程，你拒絕了你的憤怒。你的拒絕採取的形式是把它塞進去、眼不見為淨，且不讓自己去完全體驗想要從你內心湧現的東西。你忍住、咬緊牙關、假裝什麼都沒發生，然後走人。這整個連鎖反應就發生在幾秒鐘內。

不可避免的結果是，你創造了一種圍繞著避免會重新激怒你的情況所形成的生活。為此，你征服了你的欲望和需求、壓抑了你的渴望、扼殺了你的聲音。長期下來，這些未解決的感覺會限制你在這個世界上親密地、真實地和有力地與人互動的能力。它們阻止你享受每天都有的富足。

情緒（emotion）一字可以拆分為 **e+ motion**（移動），移動中的能量。高振動能量具有像快速流動的河流之動能。低振動能量則較靜態和稠密，如糖蜜或溼水泥。越多的情緒被批判、抵制、拒絕和不被感受，能量就變得越稠密，在你的振動系統中形成一個泥沼。並不是說一種情緒是好的，另一種就是壞的。它們都為它們的目的而服務。它們都只是移動中的能量。最大的問題是，你如何對這股能量做出回應或反應。你抗拒它還是允許它？

事實是，這股能量並不如你想要的那麼想留在你身上。但是你在不知不覺中透過拒絕感受它，反而抓緊了它，從而賦予它控制你的力量。

你抵抗或批判的任何情緒都會在你的系統中產生沉重感。你不抗拒幸福；你抗拒恐懼或悲傷。你看，重要的是你用這些能量來做什麼。你會抗拒憤怒的能量嗎？你會拒絕那份恥辱嗎？你認為內疚和恐懼是你的本性，並進入自我批判嗎？

自我批判會產生阻力。就像止血帶一樣，它會阻擋想要流動的能量。否認和壓抑是你用來綁緊這個止血帶的工具，一種由恐懼驅動的自我保護行為。這種能量流動的限制會造成你的扭曲、上癮、強迫和依賴。

長久以來，你一直在瘋狂地四處奔波，以修補你相信已經破碎的自我。你已經閱讀了無數的自我成長書籍、與人詳述你的問題無數次，並上完了大量的工作坊課程。但其中大部分都集中在改變你的想法，或建立令人印象深刻的良好靈性概念的作品集上。我們正在討論的過程是你內在能量變化的體驗。它跟知識比較無關，跟每一刻都活在與你的真實自我連結中比較有關。當你開始為自己而存在，並感受到要變得完整需要去感覺什麼時，你便開始體現更高的頻率，而且會變得更輕盈、自由且平靜。

當你開始為自己而存在，並感受到要變得完整需要去感覺什麼時，你便開始體現更高的頻率，而且會變得更輕盈、自由且平靜。

要完成這項工作，你必須知道你在任何時候都絕對值得你自己的關注。你需要學習一種新的方式來對待你的生活，這種方式不依賴特殊事件的高潮和短暫的放縱，而是植根於當下的可能性。重要的不僅僅是你生命中的里程碑。你比你的婚禮、你的升遷、你的碩士學位還重要。你學會把你的幸福放在你的人際關係、待辦事項、孩子和事業之上。你會知道，此時此地如何照顧自己，包括接受你的憤怒、自我厭惡和羞恥，是創造充滿平靜存在的關鍵。你目前經歷中的每一件事，包括意識到的挑戰、心碎、危機和痛苦，都是幫助你進入你最偉大的能量表達所需要的事物。

讓我們看另一個例子。你那邋遢的室友又在水槽裡堆滿了盤子。她對你們的共享空間明顯的懶惰和無視，讓你感到憤怒。你內心被激怒、其實是在沸騰了。你的腦海裡湧現出一連串責備的想法：「就是這樣。我已經到達我的極限。她是如此懶惰和不負責任。在浴室裡她是個懶惰鬼。她不顧我的希望和需求。我知道當我不在的時候她會翻我的東西，而且總是需要提醒她按時支付房租。我不是她的保母。這種情況是完全無法忍受的。該是搬出去的時候了。」你對此情況的情緒反應強度是如此不合邏輯和過頭，以至於它很可能與你小時候發生的事情有關，而不是與你手邊的情況有關。

事實是你的室友沒有洗碗。這就是發生的一切。只要你仍然受到室友行為的影響，你就仍然是你現實中的受害者。

與其批判信使（例如你的室友），不如停下來、放慢速度、深呼吸，且進入當下的覺知。讓你內在的任何情緒升起。感受一下。這是一個進入經驗的印記。

在你生命中的某個時刻，你經歷了一種察覺到的創傷，而你無法或不願意去完整感受它。現在它重新浮出水面，好讓你可以停下來，去看、感受、完整體驗，然後放手。繼續呼吸並保持有意識地專注在自己身上。片刻之後（也許更久一點），你將能夠從一個中立的空間處理這種情況。關於家務的事情，你仍然會說出你需要說的，但不會是出於受傷、受害或憤怒。這將是一種回應，而不是反應。透過練習，你將學會如何從一個充滿愛的、不情緒化的、積極主動的位置做出回應。

無論你變得多麼進化，人們將會繼續按你的按鈕（儘管你的按鈕會隨著你放掉舊模式而改變）。但是，與其讓別人為你的感受負責，你將能夠優雅且輕鬆地駕馭正在展現的事物。最終，曾經讓你大發雷霆或崩潰的事，甚至可能不會讓你再眨一次眼。

這不僅僅是關於你一天中面對的小場景。我見過無數人經歷過令人心碎的境遇，像是無法形容的虐待、失去所愛之人，或長期貧困。但我也看到他們以非批判性的觀察和自我同理，解決並釋放他們的痛苦，繼續過著充滿力量、幸福的生活。這一切都始於個人如何處於當下。

想想下面的故事。兩位母親坐在公園裡，小心翼翼地看著他們年幼的孩子在鞦韆上玩耍。兩個人都看到孩子摔倒且膝蓋受傷。一位母親跑到她的孩子身邊，抓住他的手臂，馬上開始責備他的行為：「你為什麼要哭？堅強點，我可不是要把你養成愛哭鬼！你的行為讓我很尷尬！」這個年幼的孩子，已經因為摔了一大跤和疼痛的擦傷而感到恐懼，現在又被他母親的語氣、肢體動作和言語所傷害。孩子們對於情緒能量非常敏感。他感到害怕、受傷和被否定。

另一位母親衝向她的孩子，跪在地上，以溫柔、關注和接納的態度關心孩子。「你跌了好大一跤。告訴我哪裡痛。你真是個勇敢的男孩。我可以親吻你的膝蓋、讓它好一點嗎？需要抱一會兒嗎？」這個孩子感到安全、被愛、被關心和被理解。很快他就站起來，準備再次征服鞦韆。

在生命的每一刻，你既是母親又是孩子。當你像第一個母親那樣批判和批評你自己時，你就剝奪了自己蛻變的可能性。當你像第二個母親一樣做出回應時，你就能在受傷和脆弱的地方與自己相遇，並為回歸完整性創造機會。

痛苦的情況讓你不安或害怕。你沒有留在當下、注意自己的感受和接受你自己，反而淪為舊故事情節的犧牲品，這些情節引發痛苦和嚴厲的譴責。有時你乾脆推開你的感覺。但這只能保證你將需要再次體驗同樣的不安，因為你那通往有意識的覺知之路需要接納，以及對你的情緒內容進行不帶批判的同理觀察。

用接納和同理心去迎接的每個挑戰，都會通往自由。如果挑戰像你要到達另一邊所需要經過的大門，那麼接納就是打開每一扇大門的鑰匙。在你之內，有巨大的空間可以容納同理和慈悲。這些是最高的振動以及最真實的人類品質。

> 用接納和同理心去迎接的每個挑戰，都會通往自由。

面對你的情緒密度可能是令人卻步和痛苦的、甚至是可怕的，但如果你深入體驗且暫停你的恐懼、懷疑和自我批判，你將踏上一條通往成就的宏偉道路。擁抱自己。與你認為的不完美和解，並去感受那一條令人振奮且耳目一新的愛之河流遍你全身。

# 8 接納

一旦你意識到你的制約反射和傷害，下一步就是「接納」。「接納」是通往你的最佳振動狀態的入口。接納是通往合一的最快途徑。這意味著**與一切**和諧相處——與你自己、你的現實，以及正在展現的一切。接納允許能量流動並支持生命以更高的振動自然展現，進入一個更進化的狀態和擴展的理解中。

> 接納允許能量流動並支持生命以更高的振動自然展現，進入一個更進化的狀態和擴展的理解中。

對你們一些人來說，這種完全的接納聽起來很荒謬。或許你在沒有愛的婚姻中受苦、與慢性病奮戰、每天忍受著沒有靈魂的工作所帶來的折磨，或是債台高築，沒有可行的逃脫機會。在當前框架的限制（內部或外部）內尋找和諧聽起來有些牽強。但是從振動轉變的角度來看，你停留在原地的原因是你在抗拒你的實相。

什麼是抗拒？抗拒就是恐懼、不願意去感受你內心發生的一切。它將能量鎖在一個地方。它停止了動能、進化和擴展。這是你對「是什麼」的不滿。這是你的試圖控制。這是你的批判和拒絕。讓我們看看這些例子。

> 抗拒將能量鎖在一個地方。它停止了動能、進化和擴展。

即使你的配偶在情感中缺席、動不動就批評人，並且未盡到伴侶和父母的義務，你還是覺得自己不值得更好的。你的生活沒有流動和動能。多年來，你一直說服自己相信這是你應得的一切，因此你仍然每天都陷入越來越深的絕望中。

或者，在被診斷出患有慢性疾病時，你內心充滿了憤怒和不公平的感受。你拒絕「是什麼」。你一生都循規蹈矩。你全力以赴，而現在你卻被疾病蒙蔽了雙眼。你變得頑固，認為你正在受到不公正的上帝的懲罰，並且拒絕考慮改變你的飲食、飲酒、運動或生活方式。

也許你是一個在你越來越討厭的工作上做了多年的人。你一再地未受到拔擢，如今你相信老闆是在暗中跟你過不去。你坐著批判工作中的每個人。你做最少量的工作只求過關，而且很容易在同事之間引發分歧。你倒數著退休的日子，認為只要處於不同的情境，你的人生就會神奇地進化，你也會重新發現一些快樂和滿足的假象。

也許你的情況是永遠沒有足夠的錢。你無法入睡，因為擔心你的財務短缺會導致災難性的結局——破產、房子被法拍、被迫搬出去。每次看到信用卡帳單寄來時，你都會對你的配偶大吼大叫，並暗中怨恨你的配偶沒有找到一份薪水更高的工作。你開始推開你身邊的每一個人。你相信沒有人欣賞你在工作上的努力，或關心金錢的支出，你的家人很懶惰和漠不關心。到月底，你被逼到偷溜去當地酒吧喝酒，直到花光你的現金。

一般來說，我發現抗拒以兩種方式表現在人們身上：執著和厭惡。執著是抓住你相信會讓你快樂並結束你痛苦的事物和環境。厭惡是推開你相信是造成你不快樂和痛苦的一切事物和所有人。

你可以執著於事物的本來面目，也可以厭惡事物的本來面目。你可能想要停留在二十一歲，洋溢著青春和美麗，或者你可能討厭自己已經六十歲並出現衰老的跡象。你可能會執著於你認為「成功」的某個結果，並且厭惡任何形式的「失敗」。你可能對痛苦也有執著和厭惡。有些人是專業受害者，因為他們每次生活分崩離析時都會受到關注。其他人想要結束自己的生命，因為他們看不到任何減輕自己痛苦的方法。這都是抗拒。

想想你在執著上花了多少時間。你執著於你的外表、人們如何回應你的話，以及當你告訴他們你以什麼維生時他們的反應。你執著於你的家有多麼令人印象深刻、你的銀行帳戶有多少錢、你的汽車多麼令人渴望擁有，以及你讀常春藤聯盟名校的孩子多麼令人羨慕。你甚至會執著於你在 Instagram 上擁有的追蹤人數。你可能會說：「不，我不在乎那個。」但是想像一下，如果某一天有八人、八十人、八百人或八千人突然停止追蹤你，無論你認為自己對別人的意見多麼無動於衷，你都可能會經歷某種內心的失望。

然後，想想你花了多少時間在厭惡上，推開你判斷不符合你心目中田園詩版的現實的事情。你花了幾個小時來批評自己的身體，你的靈魂殿堂。你在想：「如果這裡能瘦一點、那裡能大一點，那麼我就可以接受自己了。」

你也可能抗拒你的財務狀況：「如果我每年能再多賺五萬美元，那麼我就會有足夠的時間專注於我的靈性成長。」或者：「我的命中不帶錢財。我總是一直缺錢。」你可憐的心智，被鎖在阻力中，無法放開所有的這些推力與拉力、算計和規定。沒有深度冷靜的平靜、和諧，或輕鬆的感覺。

你還執著於根據你的努力，事情應該如何發展的某些結果和期望，就好像人生是去參觀州博覽會一樣：你付了錢，公平公正地贏得了比賽，現在你要選擇你的獎品——右邊的巨大藍熊。但我們都知道事情並不總是這樣運作的。通常的情況下，你的投資回報不會以你認為或計劃的方式出現。當你如此執著於結果，你不可避免地會感到沮喪、憤怒或覺得宇宙是殘酷的。若非如此，你會以事件的轉變為藉口，更加限縮你的能量，更快、更緊地抓住控制的幻覺，並進一步撤退到你分離的黑暗和孤獨的內心深處。

抗拒是沒有用的。被執著和厭惡束縛是很累人且行不通的。有時你會覺得似乎你得到了你想要的，你很快樂。後來事情變糟了，你就很沮喪。接著有人稱讚你，你覺得很棒。但是後來有人公開誹謗你，你就被摧毀了。接著你賺了很多錢，你很開心。後來你失去它，你就被壓垮了。你知道意思了吧。

你要如何擺脫身體的、心理的、情緒的和靈性的起伏，這個令人極度疲憊的蹺蹺板？透過恢復與你的「本質自我」的連結。只有這樣，你才能開始相信，**每一次經歷**，無論多麼具有挑戰性或難以接受，都在溫柔地引導你走向你的最高表達，無論你以有限的視角會如何看待它。

---

你開始相信，每一次經歷，無論多麼具有挑戰性或難以接受，都在溫柔地引導你走向你的最高表達，無論你以有限的視角會如何看待它。

---

我想起了下面的這則中國古代寓言。有一個農夫，他有一匹漂亮的栗色馬，用來耕種田地與維持自己的生計。一天，不知什麼原因，這匹馬逃跑了。當鄰居們聽到這件事後，紛紛衝向農夫家，高舉雙手，大喊：「太糟糕了！對你來說是多麼可怕的不幸！」農夫似乎對他人生中新命運的出現不為所動，只回答說：「也許吧。」

果然，第二天一早，馬就回來了——伴隨著三匹野馬。現在，以前過著簡陋生活的農夫有可能賺更多的錢。鄰居們聽到這個好消息，紛紛趕來祝賀。「好幸運的回報！」他們驚呼。「你真是幸運又得天獨厚啊！」農夫再次簡單地回答：

「也許吧。」

幾天後，農夫的兒子正在訓練其中一匹新馬，結果被摔斷了腿。「多麼可怕！多麼糟糕的事件轉折！」鄰居們說。「也許吧。」農夫說。接下來的一週，軍方造訪該鎮招募年輕人參戰。由於農夫的兒子摔斷了腿，他們就略過他。「你真是太幸運了！」鄰居們說。「也許吧。」農夫再次回答。

故事還在繼續，但重點很清楚。農夫基於他的「本質自我」活著。他並沒有被每個單一結果所吸引。他並沒有在每一個事件轉折點上大吵大鬧。他生活在接納中，對更廣闊的人生展現有著不可動搖的信任。當你像農夫一樣信任時，就會更容易放鬆地進入當下的廣闊空間中，在那裡你可以讓振動蛻變的魔法展開。

為此，我邀請你和我一起練習。目的是使你與此時此地的事物保持和諧一致。找一個安靜的地方和一張舒適的椅子，也許你可以去一個不會被打擾的美麗花園或公園，大聲朗讀以下短語，一次一句。在你說完每一行之後，深深地吸一口氣，然後深深地呼氣。讓文字的能量穿透你的存在。當你讀到其中一些部分時，你可能覺得想哭，你可能感到自由，或者你可能什麼都感覺不到。這沒關係。這個練習最重要的部分是，你完全為自己而存在，開始有意識地接受你現在的人生，因為它是真正的奇蹟。

**我愛並接受我的憤怒。**（吸氣、呼氣）

**我愛並接受我的恐懼。**（吸氣、呼氣）

**我愛並接受我的悲傷。**（吸氣、呼氣）

**我愛並接受我的內疚和羞愧。**（吸氣、呼氣）

**我喜歡並接受我的想法。**（吸氣、呼氣）

**我喜歡並接受我的選擇和決定。**（吸氣、呼氣）

**我愛並接受我的身體。**（吸氣、呼氣）

**我愛並接受我的自我。**（吸氣、呼氣）

**我愛並接受我的過去。**（吸氣、呼氣）

**我喜歡並接受每一個選擇和每一個決定。**（吸氣、呼氣）

**我愛並接受我的性能量。**（吸氣、呼氣）

**我愛並接受我所是的一切。我就是上帝讓我成為的人。我愛並接受我所是的一切。我就是上帝讓我成為的人。我愛並接受我所是的一切。我就是上帝讓我成為的人。**（吸氣、呼氣）

當你在此時此地與自己對立，你會延續集體的瘋狂，也就是以有限的形式過活。當你開始接受你是誰，你就能認出每個時刻湧入你的現實中的恩典。在接納的框架內，你曾經認為你必須克服、修復或改變的一切都變成了一種載體，透過它，神聖的恩典被引導到這個世界上。你會發現，你對自己的抗拒實際上是為你提供了一扇通往光明、新實相的大門。

我有一個朋友討厭她的工作。她是曼哈頓中城兩位極其忙碌的高階主管的助理。問題不在於她不喜歡她的老闆。她其實很尊重他們。她的問題是她無法忍受犯錯。她的工作要求對細節一絲不苟，她一直生活在焦慮的狀態中，擔心自己什麼時候會錯過重要的事情。她害怕顯得無能，不斷地責備自己。即使在家或休假時，她也非常警醒；她著魔似地滑著手機、感到壓力和惱火。最重要的是，她討厭城市的忙碌步調，覺得自己跳上了一台高速運轉且沒有關機按鈕的跑步機。

經過數個月對自己和人生的強烈抗拒，她終於決定受夠了。她完全放手，並變得願意接受自己，以及因此情況而導致浮上檯面、她所察覺到的所有不完美。不再自責。不再擔心「看起來很糟糕」。不再責備。她想像自己只剩三個月的工作時間，而在那段時間裡，她完全且充分地擺脫了困境。當她犯錯時，她立即承認，然後沉浸在不舒服的感覺中。有時她甚至對此毫不在意，自我解嘲。當她發現自己從舊的負面想法——「我討厭我的人生和我的工作，我一無是處」——中醒來時，就任由它們飄過，且不再理會它們。

她抽出時間參加瑜伽課或沿著東河（East River）邊慢跑。甚至有幾個早上，她上班遲到，給了自己非常需要的時間來調整和恢復。有趣的是，似乎沒有人注意到。她接受自己需要一些休息時間，並允許自己在工作環境中「不完美」。令人驚訝的是，她不再犯錯，她的老闆對她的表現更滿意，而她與以前認為是壓力來源的客戶建立了友好且有意義的關係。轉變迅速且劇烈。在她的人生中實踐接納的力量後，短短幾週內，她得知在出版業有個適合她的新機會，那是她真正的熱情所在。因為她一直在做這種內在的功課，所以毫不懷疑這是正確的一步。

沒有什麼是維持靜止的。情況會改變。人生在進化。但是，當我們放棄自己的意志，並與神的旨意和諧一致時，我們會自然地與真實現狀和諧一致。出乎意料的診斷結果、心碎、可見的失敗、不合情理的損失——接納揭示了所察覺到的挑戰的真實本質，那是一個回歸愛和接納真實現狀的邀請。以接納的態度迎接人生，有可能消除那些定義人類體驗的混亂和不確定性。它馴服了心智，且打開了人類內心的更高廳堂，在那裡，信任和臣服是持續存在的。在結束你對自己和人生的抵抗時，你正朝著揭示你「神聖本質」的路上踏出振動的一躍。

你正在回到永恆的你身邊。

# 9 內在彈性

當你與你的「本質自我」切斷連結，人生似乎在攻擊你、折磨你，而且要耗費很多力氣時，自然的反應就是尋求一些控制。你害怕如果你鬆手，一切都會崩潰，你預期會發生的事幾乎一定會發生，而你或你所愛的人會受苦。

颳大風時，你的第一個反應是什麼？你變得僵硬不動，緊抓著任何能使你穩定的東西。但是，一棵經歷數十年強風吹襲的大樹之所以能存活，是因為它的樹幹和樹枝具有一定的靈活性和彈性。當你在海裡，巨浪接近時，你的第一個反應是什麼？你瘋狂地試圖游開。如果你放鬆並在海浪下游動，讓它從你身上經過而不是抵抗它，你可能幾乎感覺不到它的力量，你最後就不會被海浪打傷到躺在海灘上。

當你過於死板地對待生活，第一個朝你而來的困難會讓你變得孤單無助。正是出於這個原因，你可以採取的最有力、最不可或缺的姿態，就是一種內在的彈性。

> 當你過於死板地對待生活，第一個朝你而來的困難會讓你變得孤單無助。

當你活在一個被創造出來的自我中，總會有一種失控的感覺，因為別人的批判支配著你的生活。你不得不去控制別人對你的反應，然後你總是希望他們結束對你的控制。這是一個陷阱，但結果是，你與孩子、伴侶、父母，甚至與自己的關係往往變得非常僵化。事情必須以某種方式進行，否則你會失去它。

假設妳是一個年輕少女的母親。妳已經建立了一個保守、專制媽媽的堅定立場。妳知道女孩子容易陷入青春期的陷阱，而妳把所有的精力都投入到灌輸女兒區別對與錯、好與壞的觀念上。儘管多年來妳一直關注，但妳的青少年女兒卻變得越來越叛逆。她現在和壞朋友一起出去玩，且常常違反宵禁。

然後，在一個特別令人惱火的晚上，她回到家，妳看見她下背部有一個紋身。她在熟練地測試妳的每一個底限。她下定決心要成為真實的自己，並結束妳對她的控制，大膽地衝撞妳想像中她應該成為的樣子。每一次違反規定，妳都會更快爆發出沸騰的怒火、把韁繩拉得更緊。她經常生氣、悶悶不樂、沒有禮貌，而妳非常難受，以至於現在常常失眠，並且不斷地針對這個狀況與妳的丈夫爭吵。

如果相反地，有一天早上妳冷靜且親切地告訴女兒，妳相信她有能力為自己做出正確的決定，情況會是如何？在受到妳和妳丈夫十六年的強大影響之後，妳知道她內心有智慧、毅力並懂得自愛，能以保護自己安全的方式度過艱難的情況，如此妳就能找到平靜。而最重要的是，如果當她發現自己無法做出正確的決定，或也許發現她做出了讓自己後悔的決定，妳會在這裡成為她的避風港——愛她、傾聽她、解決問題，並慶祝她越來越獨立，情況又會是如何？

當你扎根於「本質自我」、當你相信一切都在神聖的秩序中展開，強迫你的人生境遇進入預定結果的需要，就像要把方釘打進圓孔一樣格格不入，只會消失。

妳女兒的叛逆可能會是一個非常獨立的女人的孕育期，她有朝一日會在她選擇的職業或社群中留下重要的印記。她渴望選擇妳舒適區之外的朋友，這是一種好奇的標記，是一種探索她想成為什麼樣的人、她希望展現什麼特質的嘗試。

我們無法保護我們的孩子。我們無法讓他們免於不好的選擇。當我們試圖強迫他們進入一種讓**我們**感到舒適的存在方式時，只會扼殺他們的成長和發展。你從內在彈性的角度來教養子女的意願，是終極的禮物。

僵化和對控制的執著，與生命不屈不撓的流動並不和諧一致，生命的流動總是朝著擴展和進化的方向發展。人生總是會挑戰你關於事情應該如何的先入為主的觀念。這個挑戰是你進化的一部分。當生命看到僵化時，它只想優雅且流暢地流動。當生命看到你對控制的執著時，它只希望你處於接受和允許的流動中。

人生總是會挑戰你，為了讓你從僵化到靈活、從控制到允許。如果你看不到這個真相，你對摩擦、緊張和痛苦的體驗只會加劇，導致你身體、心理和情感上的苦難。

人生總是會挑戰你，為了讓你從僵化到靈活、從控制到允許。

每當你緊抓著某個特定的結果或期望時，你就是在體驗執著，這自然會導致痛苦。對我來說，沒有固定的方式或事情應該怎樣的想像值得堅持，因為任何固定的處理方式都會以我的平靜作為代價。我知道最終都不會在我的掌控之中；我明白是「誰」賦予我生命。

我知道最終都不會在我的掌控之中；我明白是「誰」賦予我生命。

保持像流水一樣，不執著於特定結果的人，更有能力保持平靜與平衡。那個人就像一條溪流，得以無縫地圍繞岩石、原木和彎道流動。它可能會暫時被攔住，但最終它會再次流動，而更大的生態系統中所有精彩的生命形式都與它一起蓬勃發展——魚、藻類、植物、青蛙。

然而，總會有某些人和情況讓你緊張、收縮你的能量、讓你想逃跑或完全停止運轉。也許是你的公婆讓你覺得自己是家裡的局外人；又或者是同事暗中破壞你的一舉一動。也許是一筆未付的醫療費用，每當你想到它，都會喚醒你腸胃底部那隻沉睡的「恐懼」龍。或者可能是完全愚蠢的事，比如在乘坐大眾交通工具時有人對著你咳嗽、或在國外搭計程車時，司機試圖敲詐你。所有這些情境都會引發內在反射，導致你變得僵硬和限縮你的能量。它們是觸發器——引發瞬間下意識反應的想法、感受和事件。

在振動蛻變的背景下，每一個此類場景的存在，都是為了讓你提升你的意識覺知和能量。在這些時刻，你越是讓自己接受自己的不適，就越能解除你的印記。如果你能保持像水一樣，就可以讓自己熟練地航行在巨石和障礙物周圍，知道它們每一個都在為你的進化提供越來越多的動能。

讓我們看看當你被觸發時會發生什麼事。現在是假期，然後妳的三個小孩吃太多糖、睡眠太少。妳的公婆週末過來住，而妳的孩子不受控制。讓人惱怒的是，妳的公公嘲弄地說，如果妳不要一直工作、花更多時間陪孩子，他們就不會表現得像個小怪獸。妳心想，他不知道現今養育孩子要花多少力氣——而且妳有三個，沒有一個是他和妳婆婆撫養的。情緒在妳的全身燃燒，妳滿臉通紅，同時覺得喉嚨發緊。妳感到尷尬、憤怒和生氣。但是因為妳想被認為是一個「好」兒媳，所以什麼也沒說，壓抑妳的怒火，就像把一條手帕揉成一個小球，塞在你緊握的拳頭裡。夜深人靜時，妳醒著躺在床上，質疑妳是否真的像公公說的那樣有罪。

當你被觸發時，你幾乎總是會進入防禦姿態，並放大你實際感受到的傷害，或因恐懼而瑟縮。但進入這些模式中的任何一種，只會確定任何試圖透過你的體驗流動的能量都將被鎖在原地。然後在另一個類似的互動場景中會產生類似的振動，給你另一個機會去體驗它並釋放它。

另一種選擇是進入放鬆狀態。看清現狀——一個擴展的機會。有意識地讓你的肌肉保持放鬆。呼吸並想像一條清涼、緩緩流動的溪流。讓自己慢慢相信你內在浮現的一切，都在呼喚你進入更大的自我接納和擴大的意識中。

若你能在最想反擊、停止運作或逃跑的時刻做到這一點，就會發現強大的結果。隨著生命的進化，你會擴展你的意識和流動。最終，你會發現，在你創造的空間中，你可以選擇你想如何回應情況，而不是做出反應並讓它們控制你。當你結束你的習慣性反射時，你內在的僵化就會融化。

> 當你結束你的習慣性反射時，你內在的僵化就會融化。

讓我們再看一些例子。你花了幾個月的時間照顧生病的祖父，經常沒有去工作，所以你被解雇了。你的財務狀況是一場災難，而且沒有薪水可領。你不想讓任何人知道你在財務上有多失敗。你的家人會批判你，而你的女朋友肯定會拒絕你。所以你躲避起來。但是到了感恩節，你弟弟在餐桌上提到你還沒有把他借給你的五十美元還給他。你的心因憤怒和羞辱而怦怦直跳。

現實情況是，你對祖父的同理心已經充分表達了你善良的本質，但你的家人對你的批判觸發了你那創造出來的自我，你覺得這是難以承受的。讓你的心智順其自然地運作。那些想法與你此刻的振動蛻變無關。相反地，有意識地把注意力集中在你的感受和身體的能量上。緊張的地方在哪裡？它在你的肩膀上嗎？你的下背部？你覺得哪裡有壓迫感？它在你的胃裡嗎？你的喉嚨？如果羞辱有顏色，它看起來像什麼？讓那波浪潮席捲你。呼吸並認知到這個不適感是進入更大蛻變的機會。

在長期有爭議的離婚五年後，有一天晚上，妳在一家餐廳看到了你的前夫。即使經過了這麼長的時間，妳看見他仍會覺得反胃，而且妳開始覺得不舒服。腎上腺素淹沒了妳的神經系統。妳的心開始狂跳，因為所有舊有的憤怒和背叛的感覺充滿妳全身。然後，就在瞬間，妳感到眼眶泛淚，因為妳深信，最終對他來說妳還是不夠好。與其離開妳的朋友並破壞一個美好的夜晚，不如在內心退後一步，看著妳自己的不適。讓感覺在妳內心湧現。深呼吸。扎根於妳的「本質自我」中，在這種狀態下，任何需要被感受的東西都會被擁抱和釋放。

當你被觸發時，意識到這一點，可以讓你選擇內在的彈性。專注於你的全部體驗。釋放任何正在顯現的情緒密度。讓它離開。你的際遇，無論多麼不舒服，都沒有失誤。神性給你機會有意識地去完全感受你內在任何沉重、稠密的能量，這樣你就可以進入解脫。你最終可能會做出改變來改善你的處境，但當你這樣做時，它將是來自於一個更高的振動、內在解答和回應能力之地。

當你透過培養內在的彈性來打破你的反應模式時，你可以從一個中立的觀察之處來面對人生。然後，當你從一個連結和流動、而非限縮和小我的所在之處採取行動，你的行動將產生更大、更和諧一致的效果。

你是否開始看到觸發因子、接納、彈性和你的進化之間的關聯？有一種叫做「夏克提」的宇宙能量存在於你的內在，為你的每一次呼吸提供動力。有一種生命力能量可以推動你，叫做「普拉納」（氣）。它總是自然而然地想要向上流動到更高、更擴展的狀態。它正在推動你走向你的「本質自我」的體驗。但是你的抗拒、你對控制的需要，和你的僵化阻礙了它的運作、牽制了它的動能，並導致你留在分離和痛苦中。接納和彈性恢復了夏克提和普拉納的自然流動。它們帶來平靜且結束痛苦。它們加速你的擴展和進化。

有趣的是，我們要如何看待我們人生中的事情是負面的還是正面的？壓力、恐懼、生病、孤獨或現金不足，都是需要避免的「負面」經歷。談戀愛、在大溪地的海灘上啜飲雞尾酒、體態適中且身體健康，或者擁有一份享有盛譽的高薪工作，這些都是值得追求的「正面」體驗。你認為沒有任何壓力或恐懼是好的，而責任是沉重和繁瑣的。但所有這些判斷只是分離、錯誤認知，和社會制約的結果。

你不是從一個中性擴展的地方，而是從你受限的立場、你的小我來察覺一切。結果是，你最終會不斷地抗拒人生，因為它不會以一種讓你在你的限制中感到舒服的方式出現。

但這不是它的工作。人生的工作是帶你進入你的「本質自我」的完整。不管你現在的人生多麼令人意外，或甚至多麼痛苦，它的出現只是為了讓你進入一個更擴展的存在狀態。

這發生在宏觀和微觀層面。一個國家選出了一位總統，而你喜歡或討厭他。他必須經營國家的事業，但從更大的角度來看，他正在扮演著讓全國人民意識到所有未解決的問題——偏執、仇恨、憤怒和恐懼——的角色。這是集體擴展的一部分。在個人層面上，你的母親介入你的事業，而它帶來了受困和被詳細檢查的舊有感受。你的伴侶在不知不覺中引發了你對自己是否令人喜愛的不安。你的摯友得到了絕症，而它帶來了悲傷、無助、淒涼和對自身死亡的恐懼。從你的受制約的有限觀點來看，這些情況是「糟糕的」。但是透過振動的擴展視角來看，所有這些個體和能量都在給你機會，將無意識的東西帶至有意識的覺察，將未解決的事物帶至解決之道。

同樣的概念也適用於壓力。你習慣性地認為壓力是不好的，會破壞你的生活，損壞你的健康。是要避免的某件事。但感覺有壓力單純只是你對有挑戰性的環境的自然反應；這是你適應變化的能力。如此而已。它不像媒體會讓你相信的那樣，是一個會奪走你生命的可怕怪物。這是潮起潮落，存在體本身的吸氣和呼氣。如果你能擺脫你對壓力的制約看法，你就能把它看作是一種祝福而非壞事。研究顯示，認為壓力是一件壞事的人是受到負面影響的人，而適度的壓力實際上有益於神經運作和學習。你對壓力體驗的制約看法總是比任何體驗本身更對你的幸福有害。

你的觸發器是讓你醒來並在意識上變得更有覺察力的機會。內在彈性的培養將使它們能夠得到解決。如果你允許它們，它們就是你的解脫。

# 10 三萬三千呎高的意識

你的心理能量有很大一部分都用來處理那些別人對你所做的事情、你的生活和世界中發生的錯誤，以及你受害、被視為理所當然、不被賞識和受虐的時刻。你剩下的大部分精力都花在你的後悔和羞恥上，擔心自己犯下的錯誤以及如何和何時可能被發現。

這是因為當你活在一個被創造出來的自我中，你會將一切個人化。你的人生是透過你的小我濾鏡而活。你的現實是個人的好或壞、道德上的對或錯、政治上的左派或右派、哲學上的真或假。這是小我立場的成對組合。人生中的事總是發生**在你身上**。你覺得自己像是其他人和外力對你所做的事情、或你如何被批判和貼標籤的總和。

當你活在一個被創造出來的自我中，你會將一切個人化。

但「本質自我」有一個更廣泛和更具包容性的觀點。這是三萬三千呎高、有意識的覺知。當你搭飛機起飛時，你可以看到陸地的地形、對稱的鬱鬱蔥蔥的翡翠田野、紅色和棕色的屋頂圖案、高樓大廈反射著如巨大鏡子般的光線。你可以看到一條道路與另一條道路的相會是有意義的，以及為什麼在主要高速公路上會有特定的基礎設施。你永遠不會從地面上看到這些。

從你靈魂之最高理解的觀點來看，生命是一個以中性呈現的擴展，當中一切都在完美的神聖秩序中發生。在每一個看似無關緊要的日子裡、每個看似無關緊要的時刻，神聖的恩典都在推動你走向更偉大的進化。你有限的視角可能只會看到一個停止標誌或一個坑，並認為它是令人討厭的或無法忍受的，但你與「神性」合一的「本質自我」，是運用一個更偉大的意識，一個信任並允許最高結果出現的意識。

> 從對你靈魂的最高理解的角度來看，生命是一個以中性呈現的擴展，當中一切都在完美的神聖秩序中發生。

一切都是這份覺醒的一部分：愛情和求婚、受害、缺乏欣賞、出生、死亡、虐待——每一次遭遇。無聊、上癮、長途通勤、清晨在公園散步、甲板上的派對、超時工作也是。分離的感覺和連結的感覺。如果你能以在三萬三千呎高的意識看著這世界而活，你會看到正在發生的一切都將你帶入一個完全體現的狀態，你的完全開悟。它是恩典，是有意識地認知到，每件事的運作都在完美中。每一次體驗都是為了喚醒你而創造的。

> 每一次體驗都是為了喚醒你而創造的。

了解這整個現實一直在支持你的擴展。放下過去、受害心態和故事，因為事實是，你不是你的故事。你不是你的痛苦。你不是你的地位。你必須學會相信人生，且放下所有掩蓋你「本質自我」的一切。你必須學會臣服，知道在臣服的過程中，你正在放下對此刻正在發生的事情的抗拒。在這種信任中，就得以自由。

> 學會臣服，知道在臣服的過程中，你正在放下對此刻正在發生的事情的抗拒。在這種信任中，就得以自由。

我知道很難把那些讓你成為受害者、傷害你的情況視為也是一個機會。但只要你把問題外部化，你就得不到解決方案。堅持對父母、朋友、老闆或夥伴的責備和憤怒，並不會讓解答出現在你自身的存在中。你必須轉變觀點，即在你人生最強大的經歷中，你被給予了擴展**你的**意識的機會。隨著時間的推移，你將能夠看到這些經歷如何為**你的**進化服務。簡而言之，你生命中的每一件事都為**你**而發生。你會一再重複看到那條為了恩典而打開的裂縫。但你必須願意直視它並感受它，把受害變成賦能。

讓我們來實際練習。首先，花一分鐘時間想一下你難以放下的某件事情。然後，當你準備好時，請自己完成以下這些問題。請記住，你正在從三萬三千呎的高空俯看這個互動。

**我的經歷產生了哪些情緒：悲傷、憤怒、羞恥、恐懼？**

**由於這段經歷，我展現了哪些素質、個性或特點？**

**因為它，我今天成為了什麼樣的人？**

**它如何塑造了我的人生經驗？**

## 我受傷的故事是否被我受困的情緒誇大了？

## 體驗的目的是什麼？

原因、詢問和理解是讓你放下反應並帶你進入個人責任感、誠實、清晰和決心中之光。有痛苦沒錯，但心智傾向於誇大體驗，然後恐懼便造成扭曲。心智將這種扭曲解釋為現實並創造你的故事。你在心智中創造的徹底轉變，可以讓你清楚什麼對你來說是真實的。然後你就能透過振動蛻變釋放恐懼的能量。另一種選擇是繼續生活在一個不公平的現實中，在這個現實中，上帝是不公正的，而苦難是你所能期望的最好的東西。

我的一位好友是同性戀。當他向家人出櫃時，家人宣布與他斷絕關係。曾與他感情緊密的母親告訴他，就她而言，他已經死了。她再也沒有和他說話。這對他來說是難以忍受的痛苦。他想：「這怎麼會發生在我身上？」但隨後他意識到，這是他有生以來第一次不再受到制約。他可以完全是他自己。他不再需要為了取悅家人、贏得他們的愛和認可而活著，而且他可以創造對他來說最真實的人生。他繼續打造比他以前想像的更成功充實的人生。他家人對他的拒絕成為他最大擴展的跳躍點。他告訴我，他與家人所發生的一切都是恩典。他說，這讓他以一種大多數人永遠不會理解的方式理解了他人的痛苦。這讓他心中產生了最深的同理。

你所經歷的一切都是有目的的。這一切感覺很困難，因為它是如此個人化、如此傷人。但你有力量改變你與它的關係。

你如何接受將創傷、拒絕和遺棄視為進化的一部分？在困難的情況下，不只看到負面，而是同時看到負面**和**正面，是有幫助的。大多數人將體驗劃分為好或壞，但這樣做只會進一步造成限制我們的嚴格界限。覺察到的負面生活經歷會在你身上創造出用其他方法不會出現的正面特性。人生經驗塑造你，但不需要定義你。你是誰是由「神性」所定義的。

經歷過虐待的人更能同情那些受虐之人。那些已戰勝癌症的人，可以為仍在努力抗癌的人提供一個充滿愛的空間。

是的，有時人們會陷入重複的創傷循環，但對大多數人來說，痛苦會成為同理心的切入點，並有助於將人們重新導向愛。這裡面有恩典——如果你對它敞開心扉，恩典總會讓擴展變得可能。

結束受害感的下一步是，放下任何有害事件以及所有與它們相關的振動。這就是我所說的「振動寬恕」，而它始於意識到每種情況下的虐待或罪過的根源。事件的來龍去脈能創造同理心。攻擊者的成長背景如何？他們承受了怎樣的苦難？敞開自己去了解來龍去脈。有時若真的很難放手，將有罪者視為一個在痛苦中、可憐無助的孩子，會有所幫助。然後，即使是透過這種意象化產生的最輕微的同理心，執著於情緒、能量、故事的需求也會軟化。這絕對不意味著他們的所作所為是無辜的，只是為**你**與事件的關聯開啟了新的能量。這跟作惡者無關。這是關於**你**達到三摩地、合一的體驗。

合一是一種包羅萬象的體驗狀態，其中所有的事物都被包含在你的一部分中。沒有罪人，因此就沒有罪過。想想你生活中所有你認為做錯事的人，那些錯事可能是害你心碎、離婚、受批評、財務短缺，如果所有這一切——不管你當時如何看待它——只不過是一個回歸愛的呼喚呢？事實上，在愛面前，這些事件都不會像它們所做的那樣影響你。我知道，對於你們當中的許多人來說，這是一個難以理解的事實。然而，如果沒有理解它的意願，一個人永遠不可能真正獲得自由。

耶穌在十字架上懇求上帝寬恕那些釘死他的人時，深刻地說明了這一點：「父啊！赦免他們；因為他們所做的，他們不曉得。」（路加福音二十三章：三十四節）。在根植於「本質自我」的擴展體驗層面，有意識地承認一切都源於「神性」，因此沒有任何事、也沒有人要去責備或原諒。一切都在為了把你推向更高層次的和諧而服務。振動寬恕只是透過有勇氣轉身面對我們曾經無法處理的全部經歷，從而使我們從創傷記憶中解放出來的行為。

一個普遍的誤解是，如果一切都源於「神性」，那麼「神性」必定對正在展現的事物有**偏好或反對**。有愛，就一定有恨。如果善存在，那麼惡也一定存在。在正義面前，不公義當然也存在。所有這些都是在觀察它們的意識層次上形成的有限觀點。然而，存在是在無選擇的覺知層面上運作的。偏好是一種小我的現象。當你對某事有偏好、感覺被吸引或厭惡時，便清楚地表明你是從你的小我或創造出來的自我中運作的。存在就是愛，而且沒有偏好。

當我在二〇〇三年那個決定性的夜晚體驗到「神性」時，它是一個包羅萬象的整體，平等地包含了有意識和無意識。「神性」既不贊成也不反對任何事情。這個真理意味著，人類正在詮釋「神性」的純淨潛能，要不是有意識地帶來與愛一致或更進一步體驗到合一的善意結果，要不就是無意識地透過恐懼，在一定程度上加劇集體傷害，使其外顯為暴行、種族滅絕或全球不平等，還有更多。

「神性」並不是我們面臨的所有疾病或挑戰的根源。**我們**才是。我們抗拒生活中正在發生的事情、尋找某人或某事來怪罪時覺得受害的時間越長，我們就會受苦。

「神性」是純淨的潛能，要不是被清晰地解釋，代表它是為世界的利益而閃耀，要不就是透過扭曲、痛苦或傷口來詮釋，那會自動分離和分裂我們，允許個人或團體持續對他人施加痛苦和仇恨。你可以活在中立狀態，既不支持也不反對。

耶穌的意識是完整的，他認知到迫害他的人的意識水平與他完全不同。這使他能夠接受一切——甚至被釘上十字架——當作是他天父的旨意。

耶穌說：「父啊，赦免他們。」這是很重要的一點。耶穌的人性部分並沒有原諒他們。是耶穌的「存在」那部分、耶穌的天父那部分原諒他們。轉變無法在小我的層面上得到。轉變是一種恩典的行為，因此只能在「神性」、在「本質自我」的層面上找到。小我無法原諒另一個小我。只有靈魂才能以同理心擁抱另一個靈魂並找到振動的轉變。

透過恩典，轉變是可能的。一種與創傷的新關係會隨之而來，而創傷也可以被轉化。但很多時候，那些極度認同痛苦的人無法從中解脫出來。在極度脆弱的狀態下將創傷交給「神性」，才能找到自由。向「神性」祈求轉變是臣服的終極之舉。

## 向神性祈求轉變是臣服的終極之舉。

在我十幾歲的後幾年，經歷過一段艱難的時期，那時我的家庭處於危機之中。我父母之間的關係有一段時間破裂了。我很害怕，而且不想感受到自己的悲傷，更不用說我父母之間大量的悲傷和傷害。那是一股我無法避免的強烈情緒，因為同理心的能量天賦是我承襲的遺產。為了逃離自己的痛苦和恐懼，我開始酗酒和吸毒。我深深抗拒自己和人生。我想控制我父母的選擇。我最希望的不過是一個正常的、充滿愛的家庭，但我所做的一切都無法改變正在發生的事情。

我父親很容易成為令我沮喪的對象。在我眼裡，我無法從他身上得到負責任的、可靠的力量和支持。無論在什麼情況下，他總是全神貫注於享受美好時光，同時追逐下一個發大財日——一個從未實現的發大財日。另一方面，我的母親，是我的磐石。她下定決心要撫養我們，給了我一個充滿愛的家的穩定性，以及她始終如一的存在，同時一直努力為我們的家庭提供經濟基礎。因為不明白會導致我父母行為的更深的錯綜複雜性，在我還不成熟的時候，便很容易怪罪我眼中父親的缺點。

在我家人經歷一段必要的動盪時期時，反抗和痲痺痛苦似乎是度過那段情緒挑戰時期最簡單的方法。在那段時間，有很多次我對父親非常嚴厲。我想傷害他，就像他傷害我母親和我一樣。

隨著年齡的增長，我和父親那種人之間的問題越來越多。在我最痛苦的時候，我發誓有一天要在經濟上成功到足以養活我的母親，相信在某方面這會讓她擺脫我從她身上感受到的痛苦。

父親節那天，我在聚會所靜修時，覺得非常需要打電話給父親。我花了數小時、數天、數週處在我自己的不適感中，對生活看似欺騙了我的許多面向所做的抵抗，最終讓我了解到我錯誤地認為是父親造成的痛苦。我需要和他建立連結。我需要告訴他我有多愛他，以及我對自己造成的任何痛苦感到多麼抱歉。當我說完時，電話那頭出乎意料地沉默。然後我聽到他輕聲說：「我只是在扮演你需要我為你扮演的角色。」光想到這份透過電話線流淌的恩典，流過整個國家並隨著這句話進入我的內心，我就想哭。我父親所承認的深刻理解是，你生命中的所有人——那些愛你、恨你、欺騙你、從你身上偷取和祝福你的人——只是在你的擴展中扮演著至關重要的角色。每一個人、每一種情況，都是轉化的催化劑和覺醒的祝福。

有人說你做錯了，而其他人也冤枉了你。但現實是，人生總是以最高的形式上演，讓所有參與其中的人學習和擴展成他們應該成為的人。當你以這種意識運作時，就比較不容易陷入情感糾葛或衝突中。要體驗日常互動，沒有比從一個充滿愛和與你的「本質自我」連結的地方出發更好的方式了。

> 人生總是以最高的形式上演，讓所有參與其中的人學習和擴展成他們應該成為的人。

不要誤會我的意思。我不是在試圖開脫或寬恕任何人的不良行為。我的意思是，去除批判能讓你體驗到行為的真實面貌——個人觀點濾鏡的扭曲，其放大並把恐懼和痛苦投射到世界上，而不是合一與和諧。當行為散發出能量，它就會產生效果。創造一種特定的能量並賦予它動能，這種能量就會進入這個世界中並影響它所接觸的事物。我的意圖只是喚醒對存在的更深層實相的有意識的覺知。

當你在看一部電影時，無論它的劇本、演員或導演有多麼完美或多糟糕，你都不會要求編劇、演員或導演道歉。同樣地，如果你只是目睹你與你的「本質自我」相連結的人生，你就不再將每一個眼神、每一個手勢，或覺察到的錯誤都個人化，視為是「支持」或「反對」你。你不再被迫為你的人生如何發展而要求道歉。

從這個角度來看，為什麼需要那些只是扮演你需要他們扮演的角色的「演員」、或讓你的生活全然完美地展現的「神性智慧」「製作人」的原諒呢？

為什麼你仍然認為人們無法在其對抗的擴展意識狀態下與你相遇？為什麼要把你的前夫當作人質，來扮演花心、無恥的混蛋這個獲奧斯卡提名的角色？又何必要求你那以自我為中心、自戀的老闆認可你的辛勤工作和奉獻精神？並非每個人都具有與你一樣感知現實的能力，但你仍然期望他們以不同的方式出現，這是不可能的。

想想你約會的那個連環騙子——當痛苦的不可預測性定義了他的童年，他又缺乏處理它的工具，你還能持續讓他為他的用情不專負責嗎？你的父母呢？他們來自完全不同的世代，你真的可以繼續因在他們身上所見的侷限性而蔑視他們嗎？

再一次，我並不是建議你堅守破壞性的關係或否認你受虐的事實。我只是要你提高你對你覺察到的傷害的意識，這樣它們就不能再於無意識的層面上控制你，在那裡、尚未解決，它們會默默地嚴重破壞你的人生。

當你被提升到更高的能量水平時，你就有機會釋放和解決任何稠密能量的最深層問題——任何你仍然堅持並拒絕放手的背叛或不安。你可以轉化你之前的不滿，並感謝為你把角色扮演得這麼好的每個人——感謝之前所有的罪人「給予」你如此深刻的擴展機會。

當你從三萬三千呎的高處看人生時，你就可以完全走出羞恥、責備和內疚的循環。你可以進入愛與感恩的純粹、高頻振動中，在那裡，你讓你的全部光芒照耀，並為這個星球上的每個人創造最大的可能性。

一切都有一個獨特的目的：進化。更多的幸福。更多的意識。更多的連結。你也是如此，與「神性」，即宇宙的生命力合一。你一直站在成為更多的門檻上。人生在支持著你，而你無時無刻都被無限地愛著。

一切都有一個獨特的目的：進化。

「神性」在創造你時並沒有弄錯。當你經歷察覺到的傷害時、當你忘記你的「本質自我」時，「神性」並沒有弄錯。就像當你感受到愛或平靜，或者當你感到壓力或恐懼時，祂並沒有弄錯一樣。

相信它。允許它。接受它，並開始體會對你來說可能出現的三摩地。

一切都是完美要進入更偉大的完美的體驗。

# 11 轉變

你上一次沉浸在一本好書中是什麼時候？或者「沒來由」地烤一個蘋果派，然後品嚐又熱又甜的每一口？或者在大自然中度過時光……或者坐在鋼琴前……或者打壁球……或者有意識地做任何讓你覺得有連結感和喜悅的事情？我希望它是最近的事。但如果不是，你並不孤單。

很可能，你沒有習慣於把你的幸福放在首位，對自己表達愛和尊重。事實上，你可能學到的正好相反。你可能已經學會了將你所有的愛和善意給予他人，讓他們的幸福成為衡量你是否值得擁有同樣的愛和善意的氣壓計。你可能已經學到，試圖滿足自己的身體和情感需求是「自私的」。也許你在很小的時候，就被非正式地分配到擔任失能父母的情感照顧者的角色。或者，也許你學會了犧牲你的需求，只是為了在你的家庭中保持一種正常的感覺。也許你被訓練去達成目標，以便感到被認可，或被教導愛意味著將他人從他們的惡魔手中拯救出來。也許你接收到一組程式，認為關係意味著「我屬於你，你屬於我」，而不管雙方是否有在自己內心感受到完整性和滿足感。

無論你是被設計要如何體驗愛，你現在都到了準備好對它有最高理解的時間點：基本真理就是愛源於你內在。雖然外在世界或那個特定的人可以誘發體驗，但它（他）永遠不能成為其源頭。

愛不是擁有、需要、控制、實現或得到某物，而是關於直接體驗「本質自我」。當你汲取到那個內在的水庫，它就能以簡單、同理和溫暖的方式向外延伸到其他人。人們會感受到來自你的愛，因為那是從你的真實自我中散發出來的能量，它透過你的自我接納、你的情緒密度的轉變和你擴展的意識而得到解放。

當你向外尋求以填補內心的空虛時，你永遠不會真正感到滿足。你要不是讓別人成為你渴望的愛的源頭（相互依賴），要不就是因為覺得你的人生缺乏某些事物而責怪別人或其他事物（受害者心態）。在任何一種情況下，你都是把一種內在體驗，比如愛或平靜的體驗，將其歸因於外，從而有效地讓他人控制你的人生。你回到了你開始的地方，在所有錯誤的地方尋找愛和完整。

拿回你的力量，擁有你獨特的人生體驗，向內在的愛敞開你的心扉。當你為自己在當下的表現負起責任時，你就踏入了你的主權領域，成為一個活在這個地球、賦能的、整合的、與神聖連結的人。當你可以不帶期待地遇見自己，而且只是放鬆地融入當下的你，其他人就可以自在地做同樣的事情。

當你可以不帶期待地遇見自己，而且只是放鬆地融入當下的你，其他人就可以自在地做同樣的事情。

事實上，愛與其說是一種感覺或情感，不如說是一種對現實的基本體驗。愛就是和人生「在一起」——無條件地。其他一切都是由於你的內在分離，而投射到人生上的扭曲。你越能和你的每一刻體驗「在一起」，擁抱你認為不可愛的一切，你就越自由。你越不能和人生「在一起」，你就越是抗拒人生和你自己未解決的那些面向。

活在你那創造出來的自我中，你幾乎是完全沉浸在反應和抵抗中。靈性是關於向自己死去——心理上的、創造出來的、小我的死亡。剩下的是愛，這是一種中立、開放和寬廣的開闊體驗。在中立的情況下，你不需要猛烈抨擊和做出反應。你可以不加評判地關注當下在你內心發生的事情。你可以擁抱你在內在發現的那些與外在發生的事有關的事情。你可以在憤怒、悲傷和恐懼中保持中立。和人生「在一起」，你便消除了扭曲。

很多時候，我們努力為未來的自己創造更好的版本，去「改善」自己，為了感受被愛和被接納。但事實是，宇宙的愛已經在你之內，現在，如你所是。這些不僅僅是文字。這就是你的實相。

宇宙的愛已經在你之內，現在，如你所是。這些不僅僅是文字。這就是你的實相。

當你完全擁抱這個實相，你將能夠成為一個活生生的、會呼吸的神聖能量燈塔。人們在你身邊會放鬆，在你面前感到舒適和安全。你的關係將充滿幸福和連結的能量，因為它是你內在已經揭示的。你的能量將不再浪費在試圖從人們那裡汲取愛或顯得「高於」或「低於」你所是的樣子。當你開始與你內在的愛校準，你將開始與自己和人生中的每個人和解。你會從內在被錨定，所以無論你周圍發生了什麼事——無論誰在醫院、誰離開你、或誰沒有回訊息——你都會發光。

當你開始與你內在的愛校準，你將開始與自己和人生中的每個人和解。

當你從抗拒、執著和厭惡轉變為接納、愛和連結時，你將會被轉化。但重要的是要重申，蛻變轉化並不是要成為另一個人。**不是**用另一個創造出來的更好的、更靈性的、更有愛的版本的自我來取代原本創造出來的自我。蛻變就是揭露內在的光——它是一種啟發和開悟的行為。當你憶起你的「本質自我」時，愛就顯露出來。然後，無論你的人生中正在呈現什麼事，它也會以愛的形式展現自己。它是關於與你和你的世界建立一種新的關係——它是一體的。

> 當你憶起你的本質自我時，愛就顯露出來。然後，無論你的人生中正在呈現什麼事，它也會以愛的形式展現自己。

你的人生，就像所有的創造物一樣，不斷地在進化。自然界中沒有什麼事物是靜止的。只有人類會為了讓事情維持不變而奮鬥不懈，堅信那個方式就是最好的。我們堅持不利於我們幸福的經驗、存在方式和信念。

透過恐懼、缺乏信任和制約，你塑造了各種各樣的小我執著，而你試圖控制一切。但是要活出蛻變的深刻狀態，你必須釋放這些執著，並與人生的各個方面建立新的關係：你的社會、家人、朋友，尤其是你自己——你的情緒、思想、信念、觀念和理解。

仔細思考你與情緒的關係。假設你正在看新聞，而且看到一些讓你內心感到悲傷和恐懼的事物。你沒有扎根於你的「本質自我」，用愛作為工具去接受悲傷和恐懼，將你帶到更高的意識覺知層次，你反而變成了那些感覺。它們掌控了你。過了一會兒，當朋友打電話邀請你去吃晚餐時，你拒絕了，因為你感到情緒低落、疲倦和失望。一旦一種情緒俘虜了你，它的能量卡住，你的生命之流就會被切斷——一種想要推動你前進的流動。然後，你將無法獲得任何可能促使你採取有意義的、建設性行動的靈感。

你接到工作上的電話，他們需要你立刻提案。你感到壓力，因為你目前正在商場為你的孩子購買美術用品，以完成一個即將截止的學校專題。當你想像你的老闆正不耐煩地敲著他的筆時，你開始感到非常焦慮。掛斷電話後的短短片刻，你不只是感到不安——你已經變形成一顆旋轉的、糾結的、混亂的苦惱之球，一路把人推開，對你的孩子沒耐心，然後把你們兩個本來要共享的樂事往後延。

沒有持續牢牢扎根於你的「本質自我」，你反而讓焦慮在你內心升起，相信你能處理來到你面前的任何事情，並迎接挑戰，你變成了你的感覺，於是你的內在體驗就反射回來給你。如果你能簡單地意識到這種情況正在發生，如果你能在不適感中放鬆，你就能把自己從有限的認同中拉出來；你可以恢復到「觀察者」，即「本質自我」的意識覺知。

當你感到情緒激動時，你的意識覺知水平越高，你就越能做出回應而不是反應。當你能夠揭開那位觀看者的面紗時，你就不再被思想、正在經歷的情感所俘虜或與之認同。從這個基礎力量的根基平台，你存在的所有不同面向都是你整體體驗的一部分。你可以完全接受這一切而活著。這種轉變使人生得以活在連結中。

現在想想看心智。心智總是在變化、幻想和判斷。它加班工作以減輕痛苦和傷害。它總是試圖要讓你被接受和令人喜愛。有時你可能會認為自己瘋了，因為你的心智正在創造瘋狂的想法。你正在想著一個你希望發生的結果——你手指上的戒指、銀行裡的錢。你的心智一直為它著迷。你沒有退後一步去觀察你的心智，因為它竭盡全力想要帶來渴望的結果，於是你變成了那股糾纏。沉迷接管一切，現在滲透進你的情緒和關係中。拿自己和別人比較，你開始覺得人生不公平。「為什麼其他人似乎都能找到愛情和生小孩？」「怎麼其他人似乎都能賺到錢？」你的經歷充滿了焦慮和不滿。

如果你能夠繼續成為你心智的「觀察者」，你就可以看著它編織它的幻想，而不會讓自己迷失在其中。你可以再次軟化並在和諧中放鬆，因為你知道你的「本質自我」。你可以相信宇宙的時機和秩序，因為它與「神性」合一。轉變為觀察就消除了沉迷的能量。

當你與你的心智建立一種新的關係，認知到它是一種心理工具，它的工作是思考、辨識、量化、決定和相聯，那麼你就可以撤回你對思想的認同，且冷靜地觀察它們。然後你可以說：「看那個心智創造了這麼多想法，這麼多好的和壞的、快樂的和悲傷的、創造性的和破壞性的想法。這就是它的工作。我會觀察它們，而不是成為它們。」這種轉變能讓你與你的心智建立一種新的、和平的關係。

現在讓我們看看你與人的關係。你希望他們愛你、接受你、尊敬和尊重你。你希望他們賦予你價值。但是如果你要改變這種關係呢？如果你不再將他們視為認可或反對、愛或拒絕的源頭，那會怎樣？如果你可以簡單地活在當下、觀察你在做什麼，並認定上帝創造你作為一個獨特的載體，來到這個世界上展現祂的智慧和能量，又會怎樣？這將如何改變你的互動、你的不值得感、你進入你的獨特性並從其所在之處創造的能力？

讓我們看看你與人生的關係。你把大部分時間都花在抗拒「實相」上。你大部分時間都花在執著和厭惡上——推、拉、緊抓和掙扎。如果你改變你與人生的關係，而且讓人生在它自己的時間裡展現呢？如果你接受「實相」並進入你內心已經存在的流動和動能中，又會怎樣？

而你目前與自己的關係如何呢？你活在分離、掙扎和限制之中。內心交戰如火如荼。羞恥和內疚出現了，受害者心態出現了。如果你改變這種關係呢？如果你終於明白你人生中的一切，都是為了你的擴展和進化而發生的呢？現在，你可以用不同的眼光看待過去，並進入充滿可能性的未來。

無論你多麼努力，你都無法逃避自己。唯一的選擇是結束你的抗拒——從執著、厭惡和控制轉變為允許、接納和流動。如果將手放在熱爐子上時會感到疼痛，請停止將手放在熱爐子上。如果你的痛苦是由抗拒引起的，就停止抗拒。當你不再抗拒時，人生會變得更輕鬆、更平靜；它在流動。

在我的一生中，曾有些時間點，放手的想法會引起深刻的痛苦和恐懼感。我最大的隱藏恐懼之一是，當我進化到更高的意識狀態，實現我自己的「本質天性」時，我將得放棄那些無法與我一起進化的人。我會想像一個沒有我深愛的人——我的妻子、我的孩子、我的父母——的生活。我很執著。我的內心深處有一種深刻的悲傷。

但我開始知道，透過迎向悲傷而非厭惡不適，完美的結果總是會出現。直到今天，這在我看來就像是最終的領悟：你身邊的那些人都是完美的。除了就是他們自己之外，他們不必成為任何人。每個人都走在自己完美的進化道路上。我的家人現在成為一種愛的羈絆，而我曾對這個事實感到陌生。家庭生活不是我需要拋棄的東西；事實上，隨著我接納和允許的能力增加，它會繼續流動。

最後，讓我們想一下你與你的目標的關係。你的目標是變得富有、有名、強大、成功、更聰明、更睿智或更開明，變成不是你現在的樣子嗎？某些外在的關注、尋求滿足？也許是更好的父母、更好的愛人、更好的員工、更好的奉獻者？如果你改變你和「目標」的關係呢？你相信如果你成為一個「更好」的人——一個更「可被接受」的人——你就會達到你的目標。你會開心。但是，如果你的目標是了解你的「本質自我」呢？

你與時間的關係如何？這裡需要的是轉變成我所謂的**擴展的正念**，那只是輕輕踩下剎車並放慢速度，進入當下廣闊空間的能力。力量只存在於當下。過去和未來都沒有蛻變的力量。過去大多是未解決的故事、不值得感和受害者心態。未來大多是恐懼和擔憂。當下是你可以將你的意識之光照射到無意識的所在之處，這樣你就不再被你的反應所束縛。當下是「本質自我」的休息處。

力量只存在於當下。過去和未來都沒有蛻變的力量。

轉變你與你的心智、其他人、人生、你自己、你的目標以及最終與時間的關係，會讓你朝著輕鬆、平靜、合一和接納的方向前進。這種轉變是一種溫和的調整、是讓緊握的拳頭放鬆。然後界限、分離和厭惡就會消融，接著你就可以向無限敞開。

身、心、情緒都是無垠海洋中的小浪。無垠的海洋是「本質自我」，在其廣闊區域和深度中包含了所有一切。要在所有情況下、自始至終都與「本質自我」

認同，就是了解平靜。那就是幸福、富足、安康、愛，和自由。
了解「本質自我」就是滿足。就是三摩地。

# 12 進入內心

接納和振動蛻變的結果不是你變成了腳踏墊。這不是對你的處境不採取任何行動的藉口，無論是虐待的關係、無人支持的工作，還是利用你的好心和錢財的摯愛家人。恰恰相反，振動蛻變為賦能的、啟發性的、動態的行動奠定了基礎。

> 振動蛻變為賦能的、啟發性的、動態的行動奠定了基礎。

當你結束對「實相」的抗拒時，你就擺脫了執著和厭惡。心智就放鬆了。你遠離了理智尖銳的解決問題模式，進入了更深、更柔和的直覺領域。有一種如釋重負的感覺。平衡在你的存在中建立起來，而你的心像蓮花一樣綻放。然後，這種和諧一致的、高振動的能量會告知你的決定。當它是來自這個溫暖且溫柔的領域，你在世上最強而有力的表達是可能呈現的。

當我離開家人，帶著我的一點積蓄從倫敦搬到美國時，那是因為我終於對自己誠實，並傾聽我的心聲。我經歷了巨大的痛苦，並在內心努力接受我是誰，以及我要與世界分享的東西。雖然，從邏輯上來說，留在倫敦，透過其中一個家族企業獲得穩定的收入，並將其傳給我的孩子們，可能更有意義，但我心裡清楚，我註定要留給這個世界的印記是愛和啟蒙的印記。以那份知曉為路標，我優雅地走入我今天所過的人生，一種與我的靈魂共鳴的人生。

你的心也是讓你能夠擁抱你那創造出來的小我最深、最黑暗的部分，並讓它們得到轉變的地方。你自己這些最深、最黑暗的部分，通常隱藏在你次人格的偽裝之下。次人格是幫助你生活在這個世界的自我適應——保護你免於感覺自己缺乏價值和不受人喜愛的應對機制。當壓抑的創傷出現時，它們就會出現。你受傷的強度使它們無法離開。當你發現自己受到挑戰、批判、威脅，或處在一個自我感覺陷入危險之中的情況時，次人格就會為自己辯護。這是一種自我的生存反應。

> 你的心也是讓你能夠擁抱你那創造出來的小我最深、最黑暗的部分，並讓它們得到轉變的地方。

假設你在工作，而你的老闆沒有讓你參加某個會議。你認為這件事是針對你。你覺得自己被低估了、沒有受到賞識。一種壓倒性的不公平感在你心中升起，而且你氣得滿臉通紅。你走到他的行政助理身邊，且怒不可遏，甚至沒有意識到你已經失控了。當你從這個負責生氣和憤怒的次人格的表達中回過神來時，你會感到羞恥和內疚——以及對報應的深深恐懼。你把它全都塞到看不見的地方，因為它太令人痛苦以致你無法注視它。通常，當你體驗到你的一種次人格並參與它的行為時，痛苦已經佔據了你，而且你並不知道你正在即時演出。

最近有人告訴我她和朋友在一場婚禮上的一次衝突。有個女子沒有被安排到她想坐的位置。她感到被冷落和被針對，於是一種根深蒂固的次人格被啟動。她變得憤怒，並說出令人震驚的激烈發言，讓人幾乎無法認出她是誰。這是會發生的。有時人們會開始以你從未想過的方式行事，因為他們覺得自我受到威脅，有時是在最不可能的情況下。在較迷信的時代，那幾乎就像是另一個存在體進入了他們的身體。你愛的人可能會突然開始表現得像一個你不認識的人：憤怒、難過、恐懼、批判。他或她可能會猛烈抨擊或逃跑。

一般人內在藏著八到十二個次人格，隨時準備跳出來保護被創造出來的自我。這些次人格可能具有某些原型，例如反叛者、暴君、母親、無辜者、白武士、破壞者或守護者，還有更多。「屬靈」的人很難處理自己的這些部分，是因為他們被訓練成相信它們是不可接受的。有誰會想承認他們有時對自己的身心無能為力？只有透過完整的、充滿愛的、以心為中心的接納和包容，你才能整合那份創造次人格的痛苦。當痛苦消失時，次人格就會自行崩解。

啟蒙之路需要滋養你自己那些不成熟的面向，並理解自我的每個單一面向在其更偉大的進化中都是需要的。有了這種包容性，你就解決了恐懼、痛苦、傷害，以及所有過去困住你的事物。你開始知道你現在所處的位置，就如你現在所是的一樣，是「神性智慧」的完美載體。事實上，這是能讓你平靜下來的唯一理解和體驗。

你開始知道你現在所處的位置，就如你現在所是的一樣，是「神性智慧」的完美載體。

宇宙意識不會犯錯。祂不會創造一個不完美的存在。祂已經在這個世界上創造出要擴展愛、和平、滿足和喜悅所確切需要的事物。祂利用你的獨特性、你的與眾不同、你的特質、你那看得到的缺點，甚至是你的次人格，將無限表達為形體。去感受。去擁有。

是批判和制約這兩者的組合阻止你看到存在的完美。但如果你與你的「本質自我」連結，做你應該做的事情，你將永遠不會完全「融入」這個世界。那是因為，在你真實性的精緻壯麗中，你就像是「量身打造」出來的。人們將因而討厭你或愛你，但這無關緊要。

如果你曾經去過高級餐廳，你可能會注意到你要不是真的喜歡、要不就是真的不喜歡你的餐點，很少是在中間。那不像是在速食連鎖店點某道餐，大多會被描述為方便、但並不美味。在你的完整榮耀中，你是一道精心製作的完美佳餚，採用最新鮮的有機食材，由世界上最好的廚師烹調——精緻的英式豌豆燉飯、美味的龍蝦濃湯、濃郁的茴香和芝麻葉沙拉、多汁的菲力牛排、有覆盆子醬的濃郁巧克力慕斯。你的口味和質感會引起某些人的共鳴，但不會引起其他人的共鳴。這沒關係。重要的是你不要再試圖成為一個配薯條的速食漢堡。擁抱自己獨特的美味。成為任何佳餚的最佳版本。從心活出自己。

正如聖加大利納（St. Catherine of Siena）所說：「成為神要你成為的人，那麼你將一鳴驚人。」

# 13 和諧

成為人類代表什麼？我們如何將自己定義為一個物種？我們的遺產是什麼？人們可以合理地爭辯說，歷史基本上是由戰爭定義的。美國的歷史是由獨立戰爭、內戰、第一次世界大戰、第二次世界大戰、冷戰、韓戰、越戰，以及伊拉克和阿富汗戰爭定義的。世界歷史是由帝國的興衰、它們的優勢和不可避免的失敗來定義的。這真的不是一個美好的畫面。但除了所有的紛擾、破壞和流血殺戮，還有文學、藝術、科學和哲學。有社會協議和全面改革。有莎士比亞的不朽戲劇；畢卡索充滿活力的畫作；約納斯·沙克（Jonas Salk）發現和開發脊髓灰質炎疫苗；柏拉圖、亞里斯多德和斯賓諾莎經久不衰的思想。有美國憲法和民權運動。這麼多的發現。如此豐富的創造力。有影響力、靈感、擴展、美麗和力量。

然而，如果你仔細觀察人們的生活以及他們一天中的互動方式，你會發現人們仍在與內心的掙扎、喋喋不休的心智和情緒的波動抗爭。年輕人、老年人、男性、女性、成人和孩童都已經且持續在這個帶著傷痛的心、散亂的思想、憤怒、反應和仇恨的塵世存在中前進。有時外在環境較好，有時較差。有時掙扎是為了食物，有時是為了很多其他的事物，但很少有持久的內在滿足感、平靜與愛。

但所有這一切都在改變。我們正在進入「靈魂時代」，在這個時代，人們將與他們的「本質自我」連結且活出「本質自我」的生活。在這個新興的典範中，人類的意義正在被重新定義。人們渴望更深入地了解自己的真實樣貌；他們想要喚醒並認識「本質自我」。

人們渴望更深入地了解自己的真實樣貌；他們想要喚醒並認識「本質自我」。

喚醒和認識「本質自我」是一趟振動之旅，因此在這個勇敢的新世界中前進，需要從振動的角度重新審視自己。這個過程促進了振動的重新校準，從恐懼到神聖之愛，從抗爭到宇宙自由，從生存到完全富足，從抵抗到融入至擴展與進化、接納與彈性的流動中。它使我們從體驗內在的限制、稠密和有限的意識狀態到一體，與萬物合而為一。這是一個從不和諧到與「神性」完全共振、從不一致到完全一致的運動。這是一段從不足到富足、從限制到擴展的旅程。而且這是從遺忘和掩藏、遮蔽你的「本質自我」，到完全憶起和完整啟蒙的旅程。

將人類定義為恐懼的、掙扎的、成癮的和軟弱的，是有限且不完整的。將人類定義為「神性」之光，視為與唯一的創造性宇宙智慧合一的「本質自我」，是寬廣且完整的。

印度教哲學的另一個概念對於理解重新定義人類的意義很重要，即「古納」的概念。古納是描述你在任何特定時刻的能量狀態的三個主要頻率。**這三者始終**

**存在於你之內，但重要的是哪個佔主導地位，而這始終在變化中。**這三個古納是：**悅性**（Sattva），和諧與純淨；**激性**（Rajas），活力、活動和以自我為中心；以及**惰性**（Tamas），消極、遲鈍、恐懼和混亂。

《薄伽梵歌》就這三個方面如何在個人身上展現提供深刻的洞見：「善行、深思熟慮、不執著、不貪求結果的行為被視為『悅性』；純粹由對快樂、自私和很多努力的渴望所驅動的行動是『激性』；因妄想、不顧後果、不考慮對他人或自己的損失或傷害而採取的行動，稱為『惰性』。」（十八章：二三至二五節）。

當今世界大部分都由激性或惰性主導。激性是原始的野心，是追求快樂、聲望和地位的驅動力。這是小我之火。惰性不同。它又重又慢。是掩蓋了真相的幻覺濃霧。當個體的惰性能量很強時，幾乎沒有自我意識且缺乏更高的意識，因而導致做出反應。激性與惰性是分離的副產品，並被你的核心創傷固定在原地。

你的印記倉庫創造了你每天迎接生活的一般振動狀態。當你透過振動蛻變提高你的整體振動頻率時，你就更有可能把時間花在悅性中。悅性，最高的振動頻率，是與你的「本質自我」和諧一致的乾淨、純粹的振動。它支持創造中的一切。當你內在的悅性強大時，你會被更自然、更有機的飲食習慣和改善生活的行為所吸引。你不會被玷汙你身體的食物和行為所吸引。你被吸引到更高的理解中，並感覺與暴力和恐懼不相容。你會感到同理和愛，並自然地表達出來。你的能量吸引所有支持靈魂連結的事物，並使這一切向其靠近。

我的貓總是處在和諧狀態。當牠在吃東西、殺老鼠、交配、撒尿、睡覺，甚至吐毛球的時候都充滿悅性。那是因為牠總是與牠的「貓性」和諧一致——牠真正、真實、核心的本質。整個自然界都以和諧為主導，因為植物和動物總是與它們所是的樣貌相連結。據我所知，我的貓從未認為自己一文不值或感到羞恥或內疚。我不得不承認，我曾多次將我的想法強加在牠身上，認為當牠沒有對準便盆尿尿而洒在地板上時，牠看起來很內疚，但這是我的看法，不是牠的。大自然總是悅性的。人類才會在主導能量——悅性、激性、惰性——之間輪替，自然界的其他生物不會。一棵樹永遠是一棵樹，完全地、真實地、和諧地。它從不扮演螞蟻或鳥的角色。它絕不會成為它的「本質自我」之外的東西。

和諧就是真實性。它是一切事物的核心本質。你可能認為真實意味著完美地扮演你所選擇的角色：成為完美的丈夫或妻子、最好或最聰明的孩子，或最有靈性的人。但是，儘管我們傾向於認為真實性是最好的表現，但實際上恰恰相反。真正的真實性是與你的核心本質和諧一致——無論境遇如何。就像我的貓一樣。

和諧就是真實。它是一切事物的核心本質。

當你感到不和諧時，那就是回歸和諧的邀請。不和諧是一種基於小我的振動體驗。和諧與平靜是存在於靈魂層面的振動體驗。當你處於平靜狀態時，你便與靈魂和諧一致。其他一切都是小我。

當你處於平靜狀態時，你便與靈魂和諧一致。其他一切都是小我。

對於大多數人來說，存在是一個困難的概念。因為我們是在感官層面上與世界相連結，所以我們傾向於喜歡有形和實體，而存在是盡可能遠離那樣。你看不到它、聞不到它、嚐不到它、聽不到它、也摸不到它。存在超越了情緒、心智和身體，但它們都源自於存在。存在是覺知的寧靜海洋，以及浪潮的源頭。

你的「本質自我」，純粹的「存在」，是讓人生和諧的事物。它是穩定所有一切的基礎。它總是在那裡，但經常被掩蓋和遺忘。當它有意識地存在、有意識地被憶起和體驗時，你就恢復了整體性和連結。然後你便重新定義了身為人的意義，於是你又回到了和諧。

想像一下，如果你對分離、抗拒和無價值感的焦慮消失了。想像一下，如果剩下的是合一、平靜、滿足和愛——一個你在其中蓬勃發展的人生。那是真實性的承諾，是了解你的「本質自我」的承諾。那就是和諧所帶來的。它使你與你獨特的命運和諧一致，並為其自發性的展現提供力量。

你總會扮演一個角色。這是你的表達的一部分。真實性並不意味著放棄你的角色。我會扮演丈夫、父親、兒子、提供者、作家和演講者的角色。我會以某些方式觀看和行動。你總會扮演你的角色，並以某些方式觀看和行動。而這些角色將永遠在變化並演變成它們自己更擴展的版本。

但是當你意識到這個角色並不是**你**的全部故事時，和諧就會出現。當你重新連結、憶起並意識到你那被遺忘和隱藏的更大部分時，和諧就會出現。這是最終的校準：帶有「本質自我」的角色。這是合一的修復。

> 當你意識到這個角色並不是你的全部故事時，和諧就會出現。

重新定義身為人的意義，是一種振動的重新定義。這是一種從「遲鈍和恐懼」（惰性）到「做」（激性），且最後到「存在」（悅性）的重新定義。這是一個從人到人與「神性」結合的重新定義。它並沒有擺脫人類。這是一個包含一切的重新定義，既是凡人的也是不朽的——波浪和海洋。你不僅僅是你的思想、感覺和身體。你遠大於你那個創造出來的自我。你是宇宙意識。

> 重新定義身為人的意義，是一種振動的重新定義。這是一種從「遲鈍和恐懼」（惰性）到「做」（激性），最後到「存在」（悅性）的重新定義。

難怪我們對身為人的定義一直都是如此單調和外在導向——基礎和源頭已被遺忘。身為人不僅僅是感覺、心智和身體。它是「本質自我」、感覺、心智和身體。但是你已經忘記了「神聖智慧」「觀察者」「見證者」。那是你的基礎。那是你的領悟。身為人不僅僅是感覺、思考和行動。它也是「存在」。有意識地將「存在」——純粹的覺知、純粹的意識、「本質自我」——與感覺、思考和行動相結合，可創造出一個有連結的、平靜的和有力量的人生所需的充實感。

要知道三摩地不應該停留在可能性的範圍內。它需要進入活生生的現實領域。它是人類的最後疆域。

這將帶我們來到你的「本質自我」的表達。你如何在這個世界上表達自己，實際上是一個簡單的討論。正如我們說過的，生命直接映照了你的一般振動頻率。你的一般振動頻率決定了你的意識狀態、與「本質自我」的連結深度。那份連結和狀態也決定了你可以汲取的力量和智慧。當你的振動與最高和最細微的頻率校準並共振時，「本質自我」是容易接近的。

當你感到沮喪、迷失、恐懼和失去連結時，你會感到無能為力、疲倦和有壓力，而且似乎一切都不對勁。當你感到快樂、歸於中心和連結時，你會感到強大、有能量及清晰，而且可能性很容易成為實相。

當你處於振動校準的狀態，你的生命會自發地、自然地，且完全地表達「神性」的全部智慧和力量，並成為「神性」透過你在世界上表達自己的載體。那個創造性的智慧就是你現在所是的樣子。振動蛻變是關於明白你已經存在的「本質自我」。這不是要把你變成另一個不同的人。當你了解你的「本質自我」時，你就是在這個世界上完全表達自我的「神性」。你表達了和平、愛、幸福及富足的特質。

重新定義身為人的意義，是一種可能性的擴展。你不會陷入匱乏、侷限、痛苦或一文不值的境地。你從只專注於外在轉向同時專注於外在**和**內在。你從專注於感覺、想法和行動轉變為擁抱「存在」、感覺、想法和行動。你在生命的外在表達中變成對「本質自我」的有意識體驗。

「存在」是神聖的；你是一個人類「存在」。你的聰明、智慧、力量、愛、困惑、憤怒、壓力、無價值感——**所有這些都是神聖的**。你對身為人的意義之重新定義——你對自我的重新定義——需要你愛並接受這一切：光明的部分、瘋狂的部分、同理的部分、令人喜愛的、恐懼的、憤怒的和可恥的部分。

一切都是神在認識神。

# 14 五項承諾

任何「成功」的人都會告訴你，成功並非偶然。它不是就這樣發生了，而是多年、有時是數十年專注的結果。即使某人看起來是一夜成名，在突破的那一刻背後也有多年的努力、拒絕和堅持。有付出、有奉獻，但最重要的是有承諾。那些在沒有做出這種承諾的情況下取得成功的人，往往最終會在聚光燈下崩潰或失去一切，因為他們一開始並沒有創造一個容器來容納它。

同樣地，為了發揮你的潛力，你需要對它做出承諾。承諾會產生意圖，而意圖會讓渴望值得顯化。當你認為某件事物有價值，你就會提升它並給予它優先權。

當你提升一個目標或願望並將其視為優先時，你就會把自己的智慧和力量奉獻給它。而當你用你的智慧和力量去影響一個目標時，它就會實現。

> 承諾會產生意圖，而意圖會讓渴望值得顯化。

我向你提供以下五項承諾。讓它們成為推動你擴展的基礎。時時刻刻、日復一日、月復一月，讓它們引導你的真實性、你的憶起、你的復原，和你對「存在」的悟性。

## 一、致力於了解你的「本質自我」

你帶著某種健忘症遊走在生活中。這就是活在一個被創造出來的自我中的結果。這不是意外，也沒有錯；分離的幻覺為憶起合一奠定了基礎。隱藏會讓你的「本質自我」顯現，方式是提供讓你充分憶起你的「本質自我」所需的完美環境和結構。

我已經討論過你如何認同身體、心智和情緒。但是認同的層次幾乎是無限的。想想你的概念和信念。我是美國人，俄羅斯人很壞，或是反過來。我是共和黨人，民主黨人將摧毀美國的道德結構，或是相反。我是天主教徒，而我擁有唯一真正的宗教。我是異性戀者，同性戀者會下地獄，或者我是同性戀者，異性戀者心胸狹窄。如此多的信念和制約。這麼多層次的認同。每一層都會產生恐懼，因為它使你與你的「本質自我」脫節。每一層都覆蓋並籠罩著你的真實性。每一層都將你與真實和充滿愛的事物分開。

你透過憶起與「神性」結合和顯現「本質自我」，來結束分離並恢復完整性。沒有兩個人以同樣的方式獲得這種啟示、這種自由。

人們認為模仿是成功的關鍵。「如果我做那個人所做的事情，如果我依循這些規則或這條道路，那麼我將到達我需要去的地方。」但現實情況是，每個人都像樂器上的一條弦，當彈奏時，會發出獨特的音調，為整個宇宙更偉大的交響樂做出貢獻。同一行業的兩位企業家，受過相同的教育，仍然會有各自獨特的成功途徑。在同一個家庭長大的雙胞胎，將根據各自的振動有自己要過的人生。在這一生的旅途中，我們可以互相牽著手，但我們每個人都有責任開拓自己的道路、去學習如何相信我們的「本質自我」和我們的人生歷程。

> 在這一生的旅途中，我們可以互相牽著手，但我們每個人都有責任開拓自己的道路、去學習如何相信我們的「本質自我」和我們的人生歷程。

針對這點，我寫這本書是為了支持你體驗你最高和最好的覺醒。最聰明的指導形式是讓人們回到他們是誰的真相中，即與上帝合一。正如羅馬斯多葛派哲學家馬庫斯．奧勒留（Marcus Aurelius）曾經寫道：「在上、於下，四面八方盡是各種元素在舞動，但美德的運行不存於該處，而是透過潛入內心、喜樂而無形地沿著一條小徑行進方能尋得。要信任熟知其道路的那股力量。」

致力於你的「本質自我」，就是在你的人生中充分運用「神聖智慧」的力量，放下會阻礙其傳遞的執著和期望。它正在對完全地接受你自己產生影響。當你能夠完全擁抱你的如實人生，你就能接收到「神聖的智慧」和它的力量，它負責呈現雄偉的大自然。你必須學會擁抱每一個進展階段中的自己，理解你的每一部分，包括你的焦慮、痛苦、神經質、恐懼和憤怒，都是為了一個目的而服務，直到它們不再需要服務為止。

事實上，你是此生的「觀察者」。是恩典在引導你進化的展現。恩典發動啟示；恩典揭示了合一和你生命的目的。是恩典恢復了對你「本質自我」的完整記憶。

這個發現、這個展現、這份領悟和這個啟示，就是你的承諾。

## 二、致力於新的過去、現在和未來

當你活在一個被創造出來的自我中，你生活的世界就充滿了錯誤的認同、定義和信念。這會影響你如何看待你的人生以及過去、現在和未來。這些誤解可能是戲劇性的，並加倍地增加你的痛苦。

你透過發生在你身上的事情、誰對你做了什麼、你如何被對待、被愛或被虐待來定義你的過去。你透過你的經歷以及別人怎麼說你、討論你來定義你自己。你已經照單全收，並透過相信這就是你是誰的真相來將它個人化。你堅信世界對你做了一些事，結果就是強烈的受害感。我的父母虐待我。我的老師貶低我。我的前夫對我很刻薄，而且不尊重我。我的生意夥伴欺騙了我。被創造出來的自我在錯誤的判斷下，在誤解的海洋中記住了受害的過去，這是由有限的視野所造成的。這些都不是真正或真實的，因為人生中的事從來不是發生在你身上。在任何情況下，它只能為你、為你的擴展、進化、覺醒而發生。

人生中的事從來不是發生在你身上。在任何情況下，它只能為你、為你的擴展、進化、覺醒而發生。

你人生中的每個人和每種情況，都是為了讓你記得你真正的樣貌、記住你的「本質自我」而發生的。在你的人生中，沒有什麼是外在的、膚淺的、不相關的。這一切都是為了你而發生、為了憶起。這就是恩典。這就是你的過去。擁抱這個真理是你的承諾。

在當下，你生活在一種毫無價值、不足和限制的信念中，因為你將自己視為那個被創造出來的自我。你隱約知道某件事不太對、不是很真實。而且，在大多數情況下，你沒有時間或意願去解決它，因為你太忙於工作、家庭和分心的事情。在你當前的實相中，你沒有可用的當下時刻。你已經訓練自己擺脫了對當下的體驗。只有在連結、覺知、正念的狀態中，你才能體驗當下。

你是如此確信被創造出來的自我就是你。在某種程度上，你知道這個被創造出來的自我只是畫面的一小部分，但審視這件事將意味著面對你的無價值感、羞恥感和恐懼。避免不適感是很自然的。你心裡有很多悲傷。所以你抓住那些讓你分心的事、並推開你需要感受和看見的事物。你反而去喝酒、抽菸、吸毒、賭博、暴飲暴食、不停地工作，或者在色情網站或社群媒體上迷失自我。這是一種成功的麻木策略，但它會使痛苦永久化。

當下是通往你的宏偉和無限可能性的大門。它是靈魂的入口。愛當下「所是的」能讓你敞開心扉，接受人生想要給你「更多」的所有可能性。你所喜愛的事物會解放、擴展和提升你。你所抗拒的東西會囚禁你。你害怕的東西會譴責你。當你認為人生是一個你必須克服、改變或塑造的制約時，你就將自己與基本的真相，也就是愛、擴展、進化，和光切割開來。

當你認為人生應該與現在不同，你就會創造出一連串無效的事，切斷可能性並維持無能為力。將覺知之光照亮你的內在風景，並帶來解決方案的能力只存在於當下。有意識地覺察是一種當下的體驗。現實只是當下的覺知。最重要的是，只有在當下才能汲取真實性。你真正的力量存在於提高你的振動頻率、擴展你的意識和記住你是誰的能力中。它是一個承諾，一個接著一個的情況，一個接著一個的接納，一個接著一個的允許，進入你的力量、和諧和真實性中。這是你對現在的承諾。

> 你真正的力量存在於提高你的振動頻率、擴展你的意識和記住你是誰的能力中。

你的心智創造了你未來的願景。至少你的過去包括了你藉以塑造錯誤認知的經歷，但未來是想像出來的。當然，它是由你內心的一切、你所有的恐懼、信念、概念和認同構成的。你的未來可能會成為由錯誤期望所產生的奇幻噩夢；被不值得感、不足，和稀少所塑造；是由未校準的態度和方法所驅動；並生活在無能為力的環境中。

去擁有你的渴望，但放棄你對結果的執著。執著於結果的話，你的未來會被限制和要求所框住。對結果的執著限制了可能性並導致痛苦。實際上，未來擁有超出你想像的可能性。人生總是在擴展成更多。這是宇宙的法則，所以你的未來不可能不更加廣闊和進化。在所有方面，這將為你帶來更多好處。

> 實際上，未來擁有超出你想像的可能性。

以新的方式看待你的過去、現在和未來，是你的承諾。

## 三、致力於內在平靜

當「本質自我」被隱藏時，就會出現能量的收縮，導致三件事發生。首先，你覺得自己不完美且體驗到無價值感。其次，你感到分離並體驗到二元性。第三，你會沉迷於自己的行動成果且體驗到對結果的執著。這三個共同組成了這個地球上大多數人的生活狀態。這種組合的結果是恐懼，而恐懼使你活在對人生的反應阻力中。恐懼、抗拒、執著和控制阻礙了生命的流動，從而阻礙了你的擴展和進化。

抗拒的表達為對「現狀」的不滿。它與接受和允許相反。如果你有一千美元，你就想要一萬美元。如果你四十歲，你就渴望是三十歲。如果你有一間三房的房子，你就想要四房的房子。如果你在靈性道路上，你就想要更多的體驗。你抓住你想要但沒有的事物，推開你擁有但不想要的事物。你抗拒人生，而且在抗拒人生中受苦，持續活在心理、情感和振動不滿足的狀態中，排除了任何平靜、快樂和滿足的可能性。恐懼和抗拒使你與你的人生交戰。

你想要控制人生，精心塑造它，直到它看起來像是你認為最好的願景。你總是害怕人生會以錯誤、不合適或有害的方式展現。你並不真的相信大自然總是在往更多的方向發展。你可能相信適合你的、對你有效的，也適合並對所有人有效。

恐懼、抗拒、執著和控制，是那個創造出來的自我的慣用手法。每當你發現自己在抗拒「事情所是的樣子」時，每當你發現自己執著於某個結果、或因為某人沒有按照你想要的方式行事而生氣時，每當你發現自己想控制一個人或情況時，要知道這是你那創造出來的自我正從恐懼所在之處運作著。

正念就是放慢速度並進入當下的覺知、不帶批判。當你把正念帶入你如何抗拒人生、如何執著於結果、如何控制人生中，你就創造了一個空間，一個讓有意識的覺知之光照亮恐懼的入口。當光在黑暗中照耀時，黑暗就消失了。黑暗沒有受到攻擊、被想通、修復、分析或推開。它只是被帶入意識中，而意識之光允許黑暗的解答和整合。當恐懼被帶入有意識的覺知時，它就失去了力量。這就帶來了平靜。

> 當你把正念帶入你如何抗拒人生、如何執著於結果、如何控制人生中，你就創造了一個空間，一個讓有意識的覺知之光照亮恐懼的入口。

平靜是沒有爭戰的。這意味著當你停止與人生爭戰、結束你的抗拒和對立、進入到允許和接納時，你的平靜就會出現。平靜是一種寧靜的狀態，沒有紛爭。

這意味著你將你的信念和概念重新定義為小我的觀點，並與真正和真實的事物保持一致。

體現平靜的人會成為世界和平的催化劑。平靜不是你創造的事物，而是校準、允許和共鳴的結果。當你與人生的爭戰停止、對人生的抗拒平息、放下控制且開始臣服、放下執著時，剩下的就是平靜。致力於你的平靜。

## 四、致力於成就

成就對不同的人意味著不同的事情。對於一個虔誠的人來說，這可能意味著頓悟。對於你在健身房的教練來說，這可能意味著完美的體態。對於一個物質導向的人來說，它可能意味著財富和權力。對於一個嶄露頭角的廚師來說，這可能意味著開一家餐廳的財務支援。對於大學教授來說，這可能意味著了解她所選擇的領域的一切。當你履行你的職責、完成了你打算完成的事情、朝著你目標的方向前進時，真正的成就就會出現。你的目的是了解你的「本質自我」並在世界上充分表達它。這個簡單的句子包含了靈性和物質兩者。它是關於開悟、物質上的成功和幸福。它還包括蓬勃發展的概念。蓬勃發展和成就感是密不可分的。

蓬勃發展意味著繁榮和昌盛。你有身體、心智、情感和精神。想想在各個層面上的繁榮及昌盛、真正的蓬勃發展意味著什麼。為了讓你的身體茁壯成長，它必須完成它的目的。你可能會自然地認為這意味著完美的健康。但實際上，這意味著它既可以作為表達你「本質自我」的載具，也可以完美地支持你的自我認知之旅。那是你的身體在你的人生目的中扮演著它的角色。

你的心智也是如此。你的心智有個扮演的角色。它辨識、分析、做出決定，並與外在世界連結。它也是一種載具，透過它你可以表達和了解你的人生目標。它在表達創造力和擴展以及了解你的「本質自我」方面有其角色。當你的心智蓬勃發展時，它就發揮著支持你的人生目標的功能。

你的感覺就像一個非常精密的溫度計，可以測量振動頻率的校準情況。沒有校準的振動會感覺不好，而校準的振動會感覺很好。你根據此標準做出的決定比你意識到的還要更多。你可以整天理智地分析某件事，而且它可能聽起來很完美，但如果感覺不好，你就不會去做。你的感受在定義和表達你的目的上也扮演著重要角色。

在社會上，成就感有時與成功直接相關。成功與金錢、權力、關係和地位有關。但你知道經常發生的事：一舉成名的年輕有為歌手精神崩潰、完美的夫妻離婚，而升任副總裁的人被解雇。成功不僅僅是成就。成功必須包括蓬勃發展：一個安靜的心智、更多的時間與家人或大自然共處、朝著你人生的目標前進。

人生有其內在和外在的實相，而成就感既有內在的，也有外在的。擁有百分之兩百的滿足感至關重要：百分之一百的內在滿足感和百分之一百的外在滿足感。內在滿足是關於了解你的「本質自我」，而外在滿足是關於支持你的身體、心智和情感，好讓它們可以在你對世界表達獨特貢獻上發揮作用。活出百分之兩百的生活是你的承諾。成就是你的承諾。

## 五、致力於無限的可能性

當你生活在不足、限制、不值得感或恐懼中時，你就會與它們建立關係。想像一下和不值得感結婚。這不是你所是的樣子，但它無處不在。它每一天二十四小時與你同在。它會定期與你交談。這需要大量的關注、時間和能量。而最重要的是，這種關係定義了你以及你人生中的可能性。這是一種非常片面的關係，因為它什麼都沒有給你，卻幾乎什麼都想要。

當你將自己定義為不值得時，你會創造出一個能量障礙，以致無法接收到本來要給你的所有事物。從相信自己不值得到認為自己是值得的轉變是困難的，但是透過重新定義自己，你可以朝著正確的方向緩慢前進。不能只是講講而已或一廂情願。走向自愛需要提高振動頻率——振動的飛躍和升級。

信任能支持產生這些振動飛躍。信任允許流動，而流動會為你打開可能性。我所說的信任是知道宇宙正在為你的擴展而展現，並展現你對神性的體悟。因此，如果你想重新定義人生中的可能事物，請從接受和信任真正和真實的事情開始。信任讓你敞開心扉去接受，而信任的基礎是接納。

信任允許流動，而流動會打開你的可能性。

你是「神性」的獨特表達，因此你將擁有獨特的品質。你現在要如何獨特地表達，對你而言是一個完美的所在、完美的方式，是進入更大的擴展和進化的完美時間點。這是你進入更多的起點。你沒有問題，沒有什麼事需要被解決。你所需要的只是接納。你是誰、是什麼，以及你在哪裡都沒有錯。你本來就是完美的。

宇宙的法則是，一切總是朝向更大的擴展和進化發展。那是對你來說真正和真實的唯一可能性。沒有其他可能性。你只能接納你正在進入「更多」的領域。

這是問題所在。你已經定義了「更多」的樣子。它只能看起來像你認為它應該是的樣子。如果你很窮，更多就意味著富有。如果你不值得，更多就表示被別人接受。如果你生病了，更多就意味著健康。但是宇宙把你的命運、你的憶起和現實都呈現在一個完美的路線圖中，很可能看起來一點也不像你的路線圖。所以當人生展現得看起來不像是你定義的「更多」時，你便拒絕和抗拒它。你拒絕看它，也拒絕把它視為是在新情況中包含的機會和可能性。

這就是信任的源頭。無論出現的是什麼，對你來說都是完美的「更多」。你可以相信，因為這是宇宙行動的唯一方式。你需要做的是利用你的覺知、你的正念和深入觀察的能力，來深入看出和辨識出那個「更多」是什麼。這就是你辨識可能性的方式。無限的可能性就是這樣展開的。它們總是出現，但它們保持不動並被忽略，除非你辨識到它們的存在並抓住機會。

> 無論出現的是什麼，對你來說都是完美的「更多」。

當你開始有意識地認知到，宇宙在每一個轉折點都在不斷地為你提供寬廣和新的可能性時，你就可以信任並相信無限可能性的存在，而事實上，它們一直在向你展示自己。接著你就能辨識出潛能並讓它成為實相。無限的可能性成為你的實相，是你的承諾。

# 15 信任和臣服

一旦你結束了你的抗拒，且進入了接納和允許，一旦你意識到那存在於你的五種感官之外的無限潛能，一旦你優先履行五項承諾，要了解你的「本質自我」的最後一道門就是信任和臣服。只有在完全信任的狀態下，恐懼和生存的能量消除了，你才能完全接收到提供給你的祝福和機會。

你聽過多少次這樣的故事：一個人在放棄了一份無法發揮他古怪創造力的平庸工作後，找到了自己夢想中的職業？又或者終於敢離開一段令人窒息的長期關係的人，在不久後終於遇到了自己的靈魂伴侶？你知道有多少人最後放棄了自己的受害者心態，卻得到了令人難以置信的賦能？那些似乎就是會在對的時間出現在對的地方的人呢？當他們遇到下一個生意夥伴、靈性導師、丈夫或妻子時，他們就剛好在那兒做生意、在全食超市裡挑選蘋果。

這就是當你選擇放手、臣服並信任流動會承載你時會發生的事情，即使你並不確切知道是在哪裡。你會遇到出現共時性的場景；當你的生命與你的靈魂產生共鳴時，它就會擴展。無論你身在何處，你都會有像回到家的感覺，因為那種家的感覺就是你內在的「神性」。

> 無論你身在何處，你都會有像回到家的感覺，因為那種家的感覺就是你內在的「神性」。

當你處於信任和臣服的狀態時，你就是承認有一個規劃好的原則在照顧你。你正在接受實相站在你這一邊的事實。你正在將你的人生經驗定義為你需要的一切都會來到你身邊。你對那份接收越是感到放鬆自在，它就會越快在現實中實質顯化出來。

臣服讓你放棄你的個人意志並與「神性」意志和諧一致。你的個性所決定的事物最好消失。你不再限制你的可能性。恩典正在為你掌舵。

透過逐漸放棄你的個人想望，信任便會自然而然地從內在產生。信任是與「所是的樣子」的自然校準，而透過這種信任，就會來到三摩地。三摩地是對現實的完全擁抱，如它所是的樣子。內在體驗和外在體驗沒有區別。它們合而為一。

> 信任是與「所是的樣子」的自然校準，而透過這種信任，就會來到三摩地。

當然，人生中有些事情你不會質疑，你人生的某些面向已經完全校準了。你不會質疑太陽是否會升起，或者白天是否會在黑夜之後來到。吸氣後，你不會質疑是否要呼氣。感受你對人生中這些面向的信任——然後將它們轉移到你不太確定的領域。將它們運用在對你有利的地方。

把信任和臣服想像成一隻嘴裡叼著新鮮橄欖枝的純白鴿子：這是你復原的保證，彷彿一切都已經實現了。信任是承認你命運的完美以及它展現時的喜悅和驚奇。有意識的覺知、擴展的正念、接納、校準與和諧，都是更大覺醒的一部分，它告訴你可以放鬆你的控制。信任和臣服正在向你低語，你可以結束你的痛苦並找到平靜。

信任和臣服正在向你低語，你可以結束你的痛苦並找到平靜。

身為人，你經常渴望在你的人生中做一些非凡的事情。你希望擁有的特質——世界知名運動員的實力、世界領袖的力量，或知名畫家的藝術天賦——源於願意放手，且讓自己與「神性」校準。你有同樣的原始基本潛能，不是源於你的環境、地段和銀行帳戶，而是源於靈魂。你的偉大直接源於你的意願並透過它取得，那份意願是向你的神聖榮耀敞開心扉，並活在信任和與那個源頭的連結之中。

也許你無法突然跳躍。也許現在，你稍微放鬆了緊握的控制，且找到了一點平靜。現在，只需進行幾次轉變、走出舒適區一步，並放鬆一下就足夠了。呼吸。往內在探索。你外在的世界會展現並照顧好它自己。今天，你可以邁出那一步，那小小的振動跳躍。當你這樣做時，一點一點地、慢慢接受，你會開始感到更輕盈。抗拒的沉重能量會減輕，而恐懼會消退，一次做一個振動轉變就好。

當你活在一個被創造出來的自我中，人生中的事就會被視為發生在你身上。當你踏上解決、蛻變和整合之路時，你會明白人生中的事正在為你而發生。這讓你開始臣服，因為你開始看到神聖恩典之手在你的人生中運作著。正是在這份臣服中，接納才得以實現。人生將永遠準確地反映你的內在狀態。當你被限縮、因振動密度而感到沉重和抗拒人生時，生命的挑戰是無數且難以承受的。當你恢復你的「本質自我」，所有最偉大的轉變就會顯現出來。人生中的事不只是為你而發生；人生中的事反映的**正如你所是**。

在這種擴展狀態下，一滴水與海洋融為一體。合一成為可能。邊界和差異消失了。當現實開始明白只有一種意識、只有一種能量，完全的信任就會出現。只有「神」，祂成為你，暫時隱藏了祂的神性，但現在完全顯露出來了。

在此過程中的某個點上，臣服將開始自我顯現。最終，有一天醒來時你會說：「哇，我每天邁出一步，而現在我來到了一個令人驚奇的地方。那是一趟值得一遊的旅程。沉重感減輕了、痛苦消失了、抗拒減輕了、恐懼消失了，而人生中的事正在為我而發生。」生命將輕鬆流動，而掙扎將結束。最重要的是你會發現**你**。你會記住你真正的「本質自我」，並知道你的完整性、你的神性、你的恩典。最終，你將體驗到一個新的實相，人生正如你所是地發生——連結，三摩地。

生命、你、我、貓、憤怒、恐懼、奉承、悲傷、希望以及三摩地，都是一體的。它們是意識、偉大的出場和憶起的劇本。它們都是你回家的一部分，你的回歸完整、你的認可。它們是愛融入愛、愛的河流匯入愛的海洋。

最終，生命不過是「神性」之光融入「神性」之光的過程。

這就是憶起、認可、啟發、開悟、自我實現和三摩地所代表的意義。是我的心和你的心與上帝的心融合，因為無論如何只有一顆心。只有一種覺知、一種意識、一種能量、一種愛。只有祝福。只有恩典。

# 致謝

一切源於愛。對我來說，要感謝每一位為本書的出版做出貢獻的人是不太可能的。這份名單將包括所有完美扮演他們的角色、幫助我最終達到讓我現在能夠表達我的進化潛能的自由境界的人。事實上，這本書早在我有勇氣去有意識地接受我作為信使的角色之前，就已經完成了。我感謝每一個充滿愛的擁抱、每一個指導，以及引導我走到今天這一刻的全部的愛，因為我現在認識到並擁抱這一切，它們全是上帝。

我真的希望有意識地感謝那些直接影響我能出版這本書的人。致上感謝給：

我在德賽公司（Desai Companies）的整個團隊，感謝你們對這項工作和你們所支持的全球社群的耐心、奉獻和不懈的承諾。

我了不起的經紀人阿曼達・安妮絲（Amanda Annis）和泰鼎媒體（Trident Media）整個團隊，一直對這份表達抱有最高的期望。

基登・威爾（Gideon Weil）和整個哈潑（HarperOne）家庭，感謝你們以愛和支持擁抱我，讓我的聲音被更多人聽見，作為全球轉化的工具。

我親愛的朋友詹姆斯・佩薩文托（James Pesavento），感謝你對消除所有人痛苦的愛心指導、支持和堅定不移的奉獻。

最後是你，讀者朋友們。感謝你回應召喚，發揮你的無限潛力。願這本書成為更深刻的憶起之旅的起點，引導你回到你「核心本質」的完整性。

國家圖書館出版品預行編目資料

給總是太努力的你：與真實的自己相遇，找回平靜喜悅的人生／
帕納切・德賽（Panache Desai）著；王莉莉 譯. -- 初版. -- 臺北市：
遠流出版事業股份有限公司, 2022.07
224 面；14.8 × 21公分
譯自：You are enough : revealing the soul to discover your power, potential, and possibility
ISBN 978-957-32-9642-3（平裝）
1. CST: 自我實現 2.CST: 自我肯定
177.2 111009063

# 給總是太努力的你：
## 與真實的自己相遇，找回平靜喜悅的人生

作者／帕納切・德賽（Panache Desai）
譯者／王莉莉
總監暨總編輯／林馨琴
資深主編／林慈敏
行銷企劃／陳盈潔
封面設計／王瓊瑤
內頁排版／新鑫電腦排版工作室

發行人／王榮文
出版發行／遠流出版事業股份有限公司
地址：臺北市中山北路一段 11 號 13 樓
電話：（02）2571-0297
傳真：（02）2571-0197
郵撥：0189456-1

著作權顧問／蕭雄淋律師
2022 年 7 月 1 日　初版一刷
新台幣 定價 300 元（如有缺頁或破損，請寄回更換）

ISBN 978-957-32-9642-3

遠流博識網
http://www.ylib.com
E-mail: ylib @ ylib.com